HANS URS VON BALTHASAR

KLEINER DISKURS ÜBER DIE HÖLLE
APOKATASTASIS

Neue Kriterien 1

HANS URS VON BALTHASAR

Kleiner Diskurs über die Hölle

Apokatastasis

JOHANNES

Erstmals erschienen:

KLEINER DISKURS ÜBER DIE HÖLLE
Schwabenverlag AG, Ostfildern 1987

APOKATASTASIS
Trierer Theologische Zeitschrift 97 (1988) 169-182.
Gastvorlesung an der Theologischen Fakultät Trier
am 18. April 1988

6. Auflage 2020

Druck: Pustet, Regensburg
ISBN 978 3 89411 354 4

Inhalt

Kleiner Diskurs über die Hölle

«Wenn unsere Wahrheit zu der Gottes gehören soll, muß sie grundsätzlich zu ihr geöffnet bleiben. Wer aus seinem Glauben den Ausblick der Hoffnung ausklammert, für den wird der Glaube zu einem abgeschlossenen Wissen. Vielleicht aber lag das Entscheidende immer schon im Verborgenen, und man muß alle seine Urteile auftrennen und alles neu vom Verborgenen her zusammensetzen. Und nun sieht es so aus, als habe der Glaube seine tiefsten Wurzeln in der Hoffnung, und als beziehe das Licht des zeitlichen Tages seinen ganzen Schein vom Verborgenen des Tages der Offenbarung her.»

Adrienne von Speyr

1. Zur Lage

Sei gewarnt, lieber Leser, es geht um Theologengezänk! Und doch um solches, das wohl keinen Christen kalt läßt. Mein Büchlein «Was dürfen wir hoffen?»[1] wurde in der Zeitschrift «Theologisches»[2] fast endlos unter kräftiger Mitwirkung der Zeitschrift «Der Fels»[3] zu Kleinholz zerhackt –, vor mir liegt ein entsprechendes Konvolut Schmähbriefe, Beschwörungen, zum wahren Glauben zurückzukehren usf. Worum es geht? Um die Pflicht, für alle Menschen zu hoffen. Die Gegenseite: Nein, unsere Hoffnung für das endgültige Heil ist beschränkt, denn wir *wissen*, ja es ist Dogma, daß eine Anzahl Menschen in der ewigen Hölle schmachtet. Infolgedessen bin ich, der einen Glaubenssatz anzunehmen sich weigert, ein Häretiker.

Vorweg: Ernstzunehmen ist der stets wiederkehrende Einwand, mit einer solchen Hoffnung, einem so «vermessentlich falschen Gottvertrauen» werde «der heute grassierende, leichtfertige und zur Leichtfertigkeit verführende Heilsoptimis-

[1] Johannes Verlag Einsiedeln, Trier ^{2}1989. Wir müssen hier die Kenntnis seines Inhalts voraussetzen. Leser, die sich gründlicher orientieren möchten, sollten darauf zurückgreifen.

[2] Acht Folgen von September 1986 bis April 1987. «Theologisches» in der Folge = Th.

[3] März 1987, mit Rückverweis auf 1984, 250ff., 316ff.

mus»[4] gefördert: Es wird, da Gott ja die Liebe ist, schon alles gut ausgehen. Mit solcher Leichtfertigkeit hat mein gesamtes Werk (für den, der es kennt) wahrlich nichts zu tun. Ich meine, das Ernsteste, was es gibt, ist nicht die Strafgerechtigkeit Gottes, sondern seine Liebe. Davon wird noch die Rede sein.

Für die Gegner wird es erst dann wirklich ernst, wenn ich mit Sicherheit *weiß*, daß Menschen ewig verdammt sind; sie streiten mir entschieden die personale, existentielle Fassung des Gedankens ab, daß ich – gerade ich – mich immerfort fragen muß, ob ich vor dem Richterstuhl Jesu Christi werde bestehen können. Nein, sagen sie: die Sache wird erst wahrhaft ernst, wenn ich *weiß*, daß die Hölle voll ist. Ich zitiere den in Rom Satz für Satz durchbesprochenen «Katholischen Erwachsenen-Katechismus» (verfaßt von Walter Kasper) noch einmal: «Weder in der Heiligen Schrift noch in der kirchlichen Glaubensüberlieferung wird von irgendeinem Menschen mit Bestimmtheit gesagt, er sei tatsächlich in der Hölle. Vielmehr wird die Hölle immer als *reale Möglichkeit* vor Augen gehalten, verbunden mit dem Angebot der Umkehr und des Lebens.»[5] Ich habe

[4] Th 1986, 7255.
[5] Herausgegeben von der Deutschen Bischofskonferenz 1985, 423.

die Verwandlung dieser «realen Möglichkeit» in «objektive Sicherheit» vom großen Kirchenvater Augustinus übernommen, dessen Meinung (ob von seinen zehn Jahren Manichäismus herzuleiten, sei hier dahingestellt) einen ungeheuren Schatten auf die Geschichte der westlichen Theologie geworfen hat, bis dahin, daß die Warnungen der Bibel davor, unser Endschicksal leichtzunehmen, in Informationen über den Ausgang des uns erwartenden Gottesgerichts verwandelt – ja: wirklich verharmlost – wurden.

Ich hatte im erwähnten Buch wichtige theologische Fragen gestellt: zum Beispiel die über die Trennbarkeit (oder Untrennbarkeit) der Eigenschaften Gottes: Gerechtigkeit und Erbarmen.[6] Kann Gottes Liebe einmal die Geduld verlieren, so daß er mit bloßer (Straf-) Gerechtigkeit weiterfahren muß? Die Antwort war: Ja, gewiß![7] Die von mir vorgeschlagene Lösung, daß Gott niemanden verdammt, sondern daß der Mensch, der sich endgültig der Liebe verweigert, sich selbst verurteilt, wurde gar nicht beachtet. Ich hatte auch zu bedenken gegeben, daß die Heilige Schrift neben den Drohworten auch viele Worte der Hoffnung für alle enthält, und daß, wenn wir die

[6] Was dürfen wir hoffen? 120ff.

[7] «Gott (ist) in Belohnung und Strafe unwidersprechlich gerecht, gleichzeitig aber auch voll Liebe gegen jene, die es verdienen» (!) (Th 1986, 7331).

ersten in objektive Fakten verwandeln, die zweiten jeden Sinn und jede Kraft verlieren: dies wurde in der Polemik ebenfalls nicht wahrgenommen.

Hingegen hat man meine Worte immerfort dahin verdreht, daß, wer das Heil für alle seine Brüder und Schwestern erhofft, «die Hölle leer hofft» (was für ein Ausdruck!). Oder daß, wer eine solche Hoffnung ausspricht, die von der Kirche verurteilte «Allerlösung» (apokatastasis) lehre, was ich ausdrücklich zurückgewiesen habe: wir stehen ganz und gar *unter* dem Gericht und haben kein Recht und keine Möglichkeit, dem Richter vorweg in die Karten zu schauen. Wie kann einer Hoffnung mit Wissen gleichsetzen? Ich hoffe, daß mein Freund von seiner schweren Krankheit genesen wird – weiß ich es denn?

Aber: wenn ich für dich, für andere, für alle hoffe, dann darf ich mich schließlich auch mit einschließen. (Nicht umgekehrt: ich hoffe für mich; aber ob du zu den Erwählten gehörst, weiß ich nicht mit Sicherheit). Kardinal Daniélou hat das wundervoll gesagt: «Allzuoft fassen wir die Hoffnung zu individualistisch auf, als beträfe sie nur unser Heil. In Wirklichkeit bezieht sich die Hoffnung wesentlich auf Gottes Großtaten, die die ganze Schöpfung umfassen. Sie betrifft das Geschick der gesamten Menschheit. Deren Heil erwarten wir; die Hoffnung bezieht sich in Wirklichkeit auf das Heil aller Menschen, und nur in dem Maße, als ich zu diesen gehöre, bezieht sie sich auch auf mich.»[8] Ich darf hier anfügen, daß ich mich mit Daniélou zusammen bei unsern theologischen Studien in die griechischen Väter vertieft habe, neben Origenes vor allem Gregor von Nyssa und Maximus Confessor, und daß Daniélou später seine Studien weit gründlicher fortsetzen konnte als ich.

Dies geschah lange vor meiner Begegnung mit Adrienne von Speyr, deren Karsamstagstheologie (Abstieg Christi in die Unterwelt) von meinen Kritikern in Grund und Boden verurteilt wird. Nach Bökmann ist sie «mindestens hier fragwürdig»,[9] Besler weist ihr «mehrfache Widersprüche nach»[10] und schließt, daß «ihre Lehre im Widerspruch zur christlichen Offenbarung und zum Lehramt der Kirche steht».[11] Schade für ihn, daß der Heilige Vater ganz anderer Meinung ist, wie aus seiner Ansprache bei dem von ihm in Rom gewünschten Symposion über Adrienne von Speyr[12] hervorgeht. Es wäre also höchste Zeit, die

[8] Essai sur le mystère de l'histoire (Paris 1953) 340.

[9] Th 1986, 7255. Daß ihr Johanneskommentar in Rom abgelehnt wurde (ebd.), ist reine Erfindung; ich habe das schon einmal berichtigt.

[10] ebd. 7260; die Einwände 7261 sind vollkommen töricht.

[11] ebd. 7263. «Daß A. eine echte Mystikerin ist … ist mit Sicherheit zu verneinen» (Th 1987, 3/44).

[12] Adrienne von Speyr und ihre kirchliche Sendung. Akten des Römischen Symposions (1986) 181f.

Hexe zu verbrennen, ehe sie seliggesprochen wird. Bei Edith Stein, der ich das Schlußwort in diesem Büchlein überlasse, kämen sie damit leider schon zu spät.

Meine Kritiker tun, als wäre ich in dem Limbus, in den sie mich verbannen, allein. Aber siehe da, ich finde mich hier in bester Gesellschaft vor. Da sind (wie ich früher schon zeigte) meine beiden großen Lehrer Erich Przywara und Henri Kardinal de Lubac, mein alter Lehrer Rondet, mein Freund Fessard, seine Eminenz der Kardinalerzbischof von Paris,[13] der große Blondel, der einstige Sozialist Péguy, der Katholik nur sein will, wenn er für alle hoffen darf, Claudel in seinem berühmten «Cantique de Palmyre» (*Prose*, Pleiade 730f.), Gabriel Marcel, der Sturmkopf Léon Bloy («Kein Wesen ist ausgeschlossen aus der Erlösung, sonst gäbe es keine Gemeinschaft der Heiligen. Der Ausschluß einer einzigen Seele aus dem wunderbaren Konzert der Welt ist unvorstellbar, wäre eine Gefahr für die universale Harmonie.»);[14] aber auch eindeutig Kardinal

[13] Vgl. seine Aussage über das Ende des Judas: «Jesu Bitte um die Vergebung, ausgesprochen über alle, die Werkzeuge seiner Passion waren... ist ein Wort des Erbarmens, nicht eine leichte, verantwortungslose Amnestie. Das Erbarmen ist das andere Antlitz der wahren Gerechtigkeit», in: Wagt den Glauben (Johannes Verlag Einsiedeln 1987) 97-98.

[14] In: Méditations d'un Solitaire en 1916 (Oeuvres IX, Mercure de France) 240.

Ratzinger, Hermann-Josef Lauter, Walter Kasper, Gisbert Greshake und Hansjürgen Verweyen. Und wer den gegen mich angeführten Text von Reinhold Schneider genau liest,[15] wird sehen, wie sehr er das gleiche meint wie wir alle. Guardini fehlt gewiß nicht,[16] und, last not least, auch Karl Rahner nicht, der viel Kluges zum Thema geäußert hat.[17] In summa: eine Gesellschaft, in der man sich wohlfühlen kann.

Das letzte Wort, auch hier, werden die Heiligen haben. Gleichgültig, ob sie meinen, daß Menschen in der Hölle sind oder keine; der Gedanke an die Möglichkeit bleibt für sie unerträglich: Sehen wir jemanden, besonders einen befreundeten Menschen, in großen Bedrängnissen oder großen Leiden, so werden wir anscheinend natur-

[15] Th 1987, 41-49. Schneider nimmt in seinem Tragizismus den abgewendeten Schächer als Symbol unserer gottlosen Zeit. «Das Kreuz des Verlorenen» ist das «entsetzliche Zeichen, das diese Zeit ... beherrschen will». Der andere sagt ihm: «Wir leiden mit Recht.» «Es ist ein Wort am Kreuze, denn dem Kreuz entgehen wir nicht. Aber es ist auch ein Wort der stillen Gewalt, ... denn es ist offenbar, daß das Licht herabfließt auf den Sprecher dieses Wortes, und daß im Umkreis des Kreuzes, an dem es gesprochen ward, das Leben sich ordnet, die Menschen zu Brüdern werden. Das Nein darf nicht weiterdringen.» Christus leidet auch für den «Unbegnadeten».

[16] Seine «Letzten Dinge» (^{2}1949), die zwar Mt 25 zitieren, aber die entscheidenden Worte unkommentiert lassen, sind vor allem ganz personal ausgerichtet.

[17] Vgl. nur Grundkurs, 107-110.

haft von Mitleid gepackt, und sind seine Schmerzen heftig, so empfinden wir sie höchst lebendig. Aber eine Seele in alle Ewigkeit zur Folter aller Foltern verurteilt zu sehen: wer könnte so etwas ertragen? (Theresia von Avila).[18] Beten wir deshalb das Hoffnungsgebet der Kirche: «Herr Jesus Christus, am Kreuz hast du die Arme ausgebreitet, um alle Menschen zu retten; laß unser Tun dir gefallen und sichtbar machen, daß du die Welt erlöst hast.»[19]

[18] Lebensbeschreibung, Kap. 32.

[19] Stundengebet, Zeit im Jahreskreis, 4. Woche, Mittwoch, Non. Ich möchte hier noch anmerken, daß P. B. de Margerie, in Frankreich ein traditionalistischer, kaum anerkannter Einzelgänger, in Deutschland von Rechtsleuten als theologische Leuchte entdeckt und in der Polemik öfter zitiert, für mich keine Autorität darstellt.

2. *Christlicher Glaube*

Es dürfte nicht abwegig sein, zur Klärung unserer Frage zunächst einen Blick auf das Wesen christlichen Glaubens zu werfen. Am deutlichsten wird dieses Wesen aus der Situation der urchristlichen Taufe, die, wie die Theologie der Väter uns eindeutig zeigt, in einer Abkehr von den Götzen besteht, um sich durch Christus dem Ungezeugten Gott zu weihen» (Justin, 1. Apol. c 49).[20]

Dies konnte in der Form geschehen, daß der Täufling, gegen Westen gewendet, dem Teufel und seinen Verführungen abschwor, dann dem Sonnenaufgang zugekehrt auf die dreifache Frage des Bischofs: «Glaubst du an Gott den Vater, an Gott den Sohn, an Gott den Heiligen Geist?» mit einem dreifachen Ja antwortete, um daraufhin (oder währenddessen) in den Taufbrunnen eingetaucht zu werden. Aus dieser trinitarischen Taufformel sind dann die ältesten Credo-Formeln entstanden, die ja alle die Dreiteilung offenkundig enthalten.[21]

[20] Zum Folgenden vor allem: Henri de Lubac, Credo. Gestalt und Lebendigkeit unseres Glaubensbekenntnisses (Johannes Verlag Einsiedeln 1975).

[21] Zu allen Einzelheiten: John N. Kelly, Altchristliche Glaubensbekenntnisse. Geschichte und Theologie (Vandenhoeck & Ruprecht, Göttingen 1972). Zu den Abschwörungsformeln vgl. S. 37-45, 49, 79, 392f.

Glauben besagt diesen leiblichen Richtungswechsel; Be-kehrung, «sich zu dem hinkehren, an den man noch nicht geglaubt hat» (Klemens Alex. Strom. 1,2). Diese Hinkehr ist die der ganzen Person zu dem Gott hin, dem man sich anvertraut (nicht umsonst heißt lateinisch «fides» sowohl Glauben wie Vertrauen, die Gläubigen, «fideles», sind die Gott-getreuen), weil dieser Gott uns als die Wahrheit und Treue, der wahre, auf die Dauer tragende Sinn unseres Daseins erscheint. «Christlich Glauben bedeutet unsere Existenz als Antwort verstehen auf das Wort, den Logos, der alle Dinge trägt und hält. Es bedeutet das Jasagen dazu, daß der Sinn, den wir nicht machen, sondern nur empfangen können, uns schon geschenkt ist.» «Das Wort ‹Ich glaube› könnte man hier förmlich übersetzen mit ‹Ich übergebe mich an...›» (J. Ratzinger).[22]

Daher bei den Vätern die (bis ins Mittelalter immerfort wiederholte) Unterscheidung von drei Stufen im Glaubensakt, wobei erst die dritte den Glauben in seiner ganzen Fülle darstellt: Credere Deum (glauben, daß Gott ist), credere Deo (glauben an das, was Gott sagt), credere in Deum (sich in Gott hinein glaubend übergeben).[23] Dieses Dritte schließt gewiß die beiden vorhergehenden

[22] Einführung in das Christentum (Kösel, München 1968) 47, 59.
[23] H. de Lubac, l.c. 191f.

Formen ein, aber doch so, daß «Glauben seinem Wesen nach Antwort des ganzen Menschen» besagt.[24] «Als personaler Anruf des Menschen durch Gott ruft die Offenbarung von seiten des Menschen eine ebenfalls personale Antwort hervor.»[25] «Was heißt also *an Gott glauben*? Glaubend in Gott hinein gehen» (Augustinus, In Ioh Ev. tract. 29,6). Daß dies in der Gemeinschaft der Kirche geschieht, ist für die Väter selbstverständlich, jedoch hüten sie sich ausdrücklich (wie auch die Credoformeln es tun), zu formulieren: «Ich glaube an die Kirche (in ecclesiam)», vielmehr heißt es: «Ich glaube, daß es die Kirche gibt» (credo ecclesiam), mit und innerhalb der Kirche glaube und vertraue ich mich in Gott hinein.[26]

Dieses unbedingte Sich-der-Wahrheit-Gottes-Anvertrauen enthält in sich eine ebenso vollkommene Hoffnung auf Gott und Liebe zu Gott: «Der Glaube an Christus, der auf Christus hofft und Christus liebt» (Augustinus, Sermo 144,2). Ein lebendiger Glaube ist von Hoffnung und Liebe untrennbar (vgl. 1 Petr 1,3-9).

[24] ebd. 195; vgl. 225: Christlicher Glaube ist nur äußerlich mit dem «Glauben» anderer Religionen vergleichbar: «Glaube ist kein Oberbegriff, sondern der Name für etwas, das es nur einmal gibt, die Antwort des Menschen an den in Christus kommenden Gott.» (Guardini, Vom Leben des Glaubens, 1935, 33).
[25] ebd. 228.
[26] ebd. 132-156.

Aus diesem christlichen Glaubensverständnis, das in der Glaubenshaltung ein sich restlos und «blindlings» Gott-in-die-Arme-Werfen versteht, folgt für uns entscheidend: Im kirchlichen Glaubensbekenntnis können nur Heilsereignisse stehen (der Teufel, von dem der Glaubende sich abgewandt hat, kommt darin keinesfalls vor, und ein «Glaube an den Teufel» würde allem Gesagten ins Angesicht widersprechen). Was vorkommt und zentral dem Evangelium entspricht, ist, daß Christus unser aller Richter sein wird, «der Lebendigen wie der Toten». Aber dies ist im Zusammenhang des zweiten und ausführlichsten Teils des Credo durchaus ein Moment der gesamten Heilsökonomie Gottes, die von der Schöpfung (Vater) zur Erlösung (Sohn) zur Heiligung (Geist) weiterschreitet.

Diesem Gericht Christi wirft sich der Glaubende ebenfalls in die Arme: «Ich richte mich nicht selbst; mein Richter ist der Herr» (1 Kor 4,3f.), denn «keiner von uns lebt für sich selbst, und keiner stirbt für sich selbst; leben wir, so leben wir dem Herrn, sterben wir, so sterben wir dem Herrn». Deshalb verbietet Paulus jede menschliche Vorwegnahme dieses Gerichts: «Christus ist gestorben und zum Leben zurückgekehrt, um über die Lebenden und die Toten zu herrschen. Warum also richtest du deinen Bruder? Oder warum setzest du deinen Bruder herunter? ...

Jeder muß für sich vor Gott Rechenschaft ablegen» (Röm 14,9ff.). Hast du das Recht, die Hoffnung, die du für dich in deinen lebendigen Glauben an deinen Richter investiert hast, deinem Bruder zu verweigern?

Da unser ganzes ewiges Heil in die Hände unseres Richters überantwortet wird, geht es hier um einen letzten Ernst, der Christ «als Verwalter von Anvertrautem ist Rechenschaft schuldig. Nichts und niemand ermächtigt uns, den ungeheuren Ernst zu verharmlosen, der über einem solchen Wissen liegt... Da ist eine letzte Appellationsinstanz, die das Recht wahrt, um die Liebe vollziehen zu können. Eine Liebe, die das Recht zerstören würde, würde Unrecht schaffen. Wahre Liebe ist Überschuß an Recht, Überfluß über das Recht hinaus, aber nie Zerstörung des Rechts. Freilich muß man sich auch vor dem gegenteiligen Extrem hüten. Man kann nicht bestreiten, daß der Artikel vom Gericht sich im christlichen Bewußtsein zu einer Form entwickelt hat, in der er praktisch zur Zerstörung des vollen Erlösungsglaubens und der Verheißung der Gnade führen mußte»: gegen das «Maranatha» (Herr komm!) trat das «Dies irae». Aber das altchristliche Glaubensbekenntnis meinte nichts Derartiges: «In den Kreisen, in denen das Symbolum geistig beheimatet ist, war das urchristliche Erbe noch durchaus lebendig; man empfand das Wort vom Gericht noch in selbstverständlicher Einheit mit der Botschaft der Gnade. Die Aussage, daß *Jesus* es ist, der richtet, tauchte von selbst das Gericht zugleich in den Aspekt der Hoffnung» (J. Ratzinger).[27] Zum Beweis für seine Aussage führt der Kardinal eine Stelle aus dem zweiten Klemensbrief an: «Brüder, so müssen wir über Jesus Christus denken wie über Gott, wie über den, der Lebendige und Tote richtet. Wir dürfen nicht klein denken von unserer Rettung, denn indem wir von ihr klein denken, denken wir von unserer Hoffnung gering» (2 Clem 1,1f.).

Der Ernst, vor den wir gestellt sind, ist der Ernst einer alles Recht übersteigenden Liebe. Gottes Liebe zu jedem Menschen ist absolut, sie ist unaussprechlich. Wer kann «von Rechts wegen» vor ihr bestehen? Kein Heiliger wird sich anmaßen, zu sagen: «Ich kann's».

Niemand hat Gott aus ganzem Herzen, ganzer Seele, aus allen Kräften geliebt. Jeder ausnahmslos hat zu sagen: «Herr, ich bin nicht würdig». Alle werden einmal vor ihm anzutreten haben, dann «wird jedes Auge ihn sehen, alle, die ihn durchbohrt haben; und (über sich) wehklagen werden alle Geschlechter der Erde. Ja, so ist es...» (Apk 1,7). Nichts ist ernster als die Liebe,

[27] (Anm. 3) 270-271.

gerade weil sie «Überfluß über das Recht hinaus» ist: ihr muß man sich auf Gedeih und Verderb hingeben.

3. Die Weisung der Schrift

Daß uns, die wir in der steten Gefahr der Sünde, auch der schweren, leben, Jesus Christus nicht eine «Reportage» über unser Leben nach dem Tod geben konnte und wollte, sondern hinreichend Licht, damit wir auf Gott hoffen dürfen, und hinreichend ernste Warnung, daß wir mit der realen Möglichkeit, unser Heil zu verscherzen, rechnen müssen: dies haben wir näherhin in dem Büchlein «Was dürfen wir hoffen?» dargelegt.

Doch gibt es im Neuen Testament zwei Reihen von Schriftworten, die wir nicht zu einer überblickbaren Synthese verbinden können. Die erste öffnet für unsere Hoffnung einen anscheinend grenzenlosen Ausblick; aber wir können diese Reihe nicht von der zweiten absondern, die jede leichtfertige Schlußfolgerung («Es wird schon alles gutgehen») verbietet und uns unerbittlich vor die ernsthafteste Möglichkeit unseres Verlorengehens stellt. Und zwar gerade auch dann, wenn wir «schon das herrliche Wort Gottes und die Kräfte der zukünftigen Welt geschmeckt haben und dann doch abgefallen sind». Falls wir für uns «den Sohn Gottes noch einmal kreuzigen und der Schande preisgeben», sind wir «wertlos und dem Fluch nahe» (Hebr 6,4-5.8). Was soll Gott, der das Wertvollste, was er hat, für uns dahingab – seinen Sohn – noch an Gnade übrig haben für den, «der den Sohn Gottes mit Füßen tritt, das Blut des Bundes für gemein erachtet und den Geist der Gnade schmäht»? (ebd. 10,29).

Bei Johannes und seiner Auffassung vom Gericht Gottes wird das In- und Widereinander der beiden Aussagereihen überdeutlich. Jesus sagt beides von sich: «Ich bin nicht gekommen, die Welt zu richten, sondern die Welt zu retten» (12,47), und: «Zum Gericht bin ich in diese Welt gekommen, damit die Blinden sehend und die Sehenden blind werden» (9,39). Aber der scheinbare Widerspruch wird alsbald gelöst: Jesus kommt als das Licht der absoluten Liebe («bis ins letzte», 13,1), um alle zu retten. Aber wie, wenn sich etliche bewußt dieser Liebe entziehen und verweigern? (3,19; 9,40-41; 12,48). Die Frage, auf die keine letzte Antwort erteilt wird noch erteilt werden kann, ist die: wird der sich jetzt Weigernde sich endgültig weigern?

Darauf gibt es zwei mögliche Antworten: die erste sagt schlicht ja. Das ist die Antwort der Infernalisten. Die zweite sagt: ich weiß es nicht, aber ich meine (aufgrund der ersten Reihe von Aussagen der Schrift) hoffen zu dürfen, daß das Licht der göttlichen Liebe schließlich jede menschliche Finsternis und Weigerung zu durchdringen vermag. Es soll an einigen Beispielen gezeigt werden, wie die erste Form der Lesung aus den äußersten

Warnungen die faktische Existenz einer vollen Hölle herausliest, und was dabei aus der ersten Reihe von Texten wird. Man kann auch die Gründe beifügen, weshalb der Übergang von der Warnung zum vollendeten Faktum wirklich ein «Schritt» ist, der – weil er die erste Reihe entkräftigt – fragwürdig bleibt.

Alles beginnt mit der in der Gnade der Zuwendung Jahwes an Israel liegenden Unerbittlichkeit der Wahl: «Heute stelle ich dir Leben und Glück, Tod und Unglück vor Augen, Segen oder Fluch. Wähle das Leben!» (Dt 30,15.19). Dann folgen die langen Reihen von Segnungen und die noch längeren von Verfluchungen. Es ist hier nicht wichtig, die Verwandlungen dieses Grundmotivs durch das ganze Alte Testament zu verfolgen. Man weiß, daß das Unheil zunächst als irdische Strafe für den Abfall vom Bund erlebt und gedeutet wurde, während Tod und Hades als das gemeinsame Los aller Sterblichen erschien, daß aber schon früh der Straftod mit der Vorstellung des Feuers verbunden wurde (Untergang der Rotte Korach, Num 16; vgl. das Bild des Gotteszorns als Feuer neben andern Bildern: Dt 32,22-26). Bei den Propheten kommt das Thema der Wahl vor, aber kaum etwas über eine jenseitige Strafe, außer im Schlußvers von Jesaja (das unauslöschliche Feuer und der nicht sterbende Wurm der Leichen im Hinnomtal, immer wieder aufgegriffen bei Sir 7,17 LXX und im Neuen Testament). Erstmals erscheint bei Daniel 12,2 die Erwähnung einer Auferstehung der einen zum ewigen Leben, der andern zur Schande, zum ewigen Grauen, was in 2 Makk 7,9 seinen Widerhall findet. Hier auch zum erstenmal das Gebet und Opfer für die gefallenen Soldaten (in deren Kleidern man vom Gesetz verbotene Idole gefunden hatte), damit sie am Tag der Auferstehung sündelos dastünden (ebd. 12,39-46). Während (zumal im Ijobbuch) die Unterwelt vor allem durch äußerste Finsternis gekennzeichnet wird, und im Henochbuch und andern zwischentestamentlichen Schriften der Strafort (gehenna) Eis, Dunkel und Feuer enthält, ist das Endschicksal in den letzten vorchristlichen Zeiten immer mehr vom Volk auf den Einzelnen übergangen: die späten Psalmen scheiden innerhalb Israels selbst den zu Gott flehenden verfolgten Gerechten von der «Rotte der Übeltäter» und Gottlosen.

Weder der Täufer, der das Gottesgericht ankündigt und vom unauslöschlichen Feuer für die Bösen spricht, noch Jesus, der die alttestamentlichen Bilder vom ewigen Feuer, von der äußersten Finsternis, vom Wurm, der nicht stirbt, verwendet, haben zu befürchten, nicht verstanden zu werden. Auch in der Parabel, die den Prasser in eine brennende Sheol (Hades: Lk 16,23) versetzt, sagt Jesus nichts seinen Jüngern Unverständliches. Nicht einmal in Mt 25, wo die Bösen in das ewige Feuer, das (wie auch die Apokryphen wußten und der Judasbrief es wiederholt) dem Teufel und seinem Anhang bereitet ist, geworfen werden.

Die (seit Ezechiel eindeutig hervorgetretene) individuelle Verantwortung eines jeden vor dem Richterstuhl Gottes tritt im Neuen Testament, vor allem in den Paulusbriefen und den Katholischen Briefen stark hervor: noch wird alttestamentlich vom Tag des Zorns gesprochen (Röm 2,5; 1 Thess 1,10), vom möglichen Verlorengehen (1 Kor 9,11ff.), von doppelseitiger Vergeltung (2 Thess 1,5-10): «Jeder wird den Lohn empfangen für das, was er auf Erden Gutes oder Böses getan hat» (2 Kor 5,10).

Das wahrhaft Neue im Neuen Testament ist, daß die alte Bundesgerechtigkeit sich konkretisiert im Bekenntnis zum endgültigen Wort Gottes in Jesus Christus: «Wer nicht mit mir ist, ist gegen mich» (Lk 11,23), «Wer sich meiner und meiner Worte schämt, dessen wird sich auch der Menschensohn schämen, wenn er (zum Gericht) erscheint» (Mk 8,38). Die ganzen Johannesschriften durchzieht die Krisis (Unterscheidung, Gericht) zwischen Christus als dem Licht und seiner Ablehnung als der Finsternis. Und dieses Ja oder Nein überschreitet die Grenze des zeitlichen Lebens, es gibt eine Auferstehung zum Leben und eine solche zum Gericht (Joh 5,29). Die gleiche Zweiteilung durchzieht den ganzen ersten Johannesbrief. Für Jesus zählt der leibliche Tod nicht; wer an ihn glaubt, «wird leben, auch wenn er stirbt» (Joh 11,26), er hat das ewige Leben; wer sich weigert, wird das Leben nicht sehen, sondern Gottes Zorn bleibt auf ihm (3,36). Die absolute Entscheidung muß im irdischen Leben fallen, drüben wäre es zu spät: «*Wenn* ihr nicht glaubt, daß Ich es bin, werdet ihr in euren Sünden sterben» (8,24). So kann die Sünde gegen den Geist (die Leugnung einer von Gott geschenkten Evidenz) auch im andern Leben nicht vergeben werden (Mt 12,32). Unnütz, noch mehr Texte für die angesichts Christi und seiner Bezeugung durch Gott absolut geforderte Entscheidung zu häufen.

Nur noch einen Zusatz: Jesu unbedingte Forderung der Nächsten- und Feindesliebe als Bedingung dafür, Gottes Vergebung zu erhalten. Wenn ihr den Menschen nicht verzeiht, wird auch Gott euch nicht verzeihen (Mt 6,14). Oder: wenn ihr Vergebung erlangt habt und euren Nächsten mit harter Gerechtigkeit begegnet, wird Gott euch ebenso unbarmherzig behandeln müssen (Mt 18,33; Jak 2,13); ihr werdet ins Gefängnis geworfen, *bis* ihr die ganze Schuld bezahlt habt (Mt 5,26; 18,34): dieser Kerker ist streng, aber nicht ewig. Und wenn Jesus den

Selbstgerechten verkündet, die Sünder würden noch vor ihnen ins Reich Gottes eingehen (Mt 21,31), so sagt er jenen nicht ewiges Verderben an, sowenig er Israel, das ihn nicht annimmt, verflucht, wenn er ihm seine Verödung voraussagt (Lk 13,35). Und wenn er den unbußfertigen Städten sagt, sie würden «bis zur Hölle hinunterfahren» und im Gericht am letzten Platz stehen (Mt 11,23f.), so spricht er die gleiche prophetische Sprache wie Ezechiel (16) über Jerusalem.

Angesichts der sehr zahlreichen Drohtexte des Neuen Bundes, die die wahrhaft entsetzlichen Drohungen gegen ein abtrünniges Israel (Lev 26,14-43; Dt 28,15-68) noch geistig vertiefen, weil sie die Strafperspektiven ins Jenseits öffnen, erhebt sich die – letztlich für uns unbeantwortbare – Frage, ob diese Drohungen von Gott, der «sich in Christus mit der Welt versöhnt», so wie sie dastehn, in die Tat umgesetzt werden. Die Enttäuschung Jona's, daß Gott seine kategorischen Untergangsansagen Ninive gegenüber nicht ausführt, hat die Scholastiker endlos beschäftigt. Ist der Überschritt von der *Drohung* zum Wissen, daß sie ausgeführt wird, notwendig? Er erscheint um so logischer, als wir überzeugt sind, daß Gott mit seiner erlösenden Gnade niemand zum Heil zwingen will, daß nicht er, sondern der Mensch allein schuldig ist, wenn er Gottes Liebe zurückweist und dadurch verlorengeht (Siehe hierzu die Aussagen des Konzils von Quiercy in DS 621ff.).

Doch was wird dabei aus den Aussagen der zweiten Reihe, in denen Gottes in Christus unternommenes Versöhnungswerk mit der sündigen Welt als ein voller Sieg über das Gottwidrige dargestellt wird? Man kann hier ohne Distinktionen nicht auskommen, die Gott zwar seinen guten Willen belassen, diesen aber an der Bosheit der Menschen scheitern lassen. «Gott will, daß *alle* Menschen gerettet werden und zur Erkenntnis der Wahrheit gelangen. Denn es gibt nur einen Gott und einen Mittler zwischen Gott und den Menschen, den Menschen Jesus Christus, der sich selbst als Lösegeld für *alle* dahingegeben hat» (1 Tim 2,4f.). Gestatte, Herr, daß wir Deinen Willen ein wenig unterscheiden: «Gott will im vorhinein (voluntate antecedente), daß alle Menschen das Heil erlangen, aber nachfolgend (consequenter) will er, daß gewisse verdammt werden gemäß den Ansprüchen seiner Gerechtigkeit» (Thomas, S. Th. I, 19,6 ad 1; De Ver. 23,2). Man kann auch von einem «absoluten» und einem «bedingten» Willen Gottes reden (1 Sent. 46,1.1 ad 2). Weiter wird Christus «ein Retter *aller* Menschen, vornehmlich der Gläubigen», genannt (1 Tim 4,10): wird in dieser Formulierung nicht schon eine Einschränkung sichtbar? Aber Jesu siegreiches Wort, da er auf die Wirkung seines

Leidens vorausblickt: «Jetzt wird der Fürst dieser Welt hinausgestoßen; ich aber werde, wenn ich von der Erde erhöht bin, *alle* an mich ziehen» (Joh 12,31f.)? Ach, er wird sie vielleicht zu ziehen versuchen, aber sie zu halten wird ihm nicht gelingen. «Seid getrost, ich habe *die Welt* besiegt» (Joh 16,33). Leider nur zur Hälfte, trotz Deiner Anstrengung, Herr. «Erschienen ist die Gnade Gottes, die *allen* Menschen das Heil bringt» (Tit 2,11) – sagen wir genauer: das Heil anbietet, denn es fragt sich, wie viele es annehmen. Gott «will nicht, daß jemand verlorengehe, sondern daß *alle* zur Sinnesänderung gelangen» (2 Petr 3,9). Er möchte es wohl, aber es gelingt ihm leider nicht. «Christus hat sich einmal geopfert, um die Sünden *aller* hinwegzunehmen» (Hebr 9,28). Das mag wahr sein, aber die Frage ist halt, ob sich alle ihre Sünden wegnehmen lassen. «Gott hat *alle* (Juden, Heiden und Christen) zusammen in den Ungehorsam eingeschlossen, um sich *aller* zur erbarmen» (Röm 11,32). Daß er sich aller erbarmt, mag wohl stimmen, aber ist damit gesagt, daß alle sich dieses Erbarmens erbarmen, das heißt es sich angedeihen lassen? Und wenn im gleichen Zusammenhang versichert wird, daß einst «*ganz* Israel gerettet wird» (Röm 11,26), dann braucht diese pauschale Erklärung ja nicht jedes einzelne Individuum einzuschließen. Die Gefangenschaftsbriefe scheinen ebenso pauschal zu reden, wenn von Gott gesagt wird, er habe durch Christus «*alles* auf Erden und alles im Himmel versöhnt» (Kol 1,20), «*alles* im Himmel und auf Erden unter ihm als dem Haupt zusammengefaßt» (Eph 1,10); solch hymnisches und «doxologisches» Reden braucht nicht wörtlich verstanden zu werden. Dasselbe gilt natürlich vom Philipperhymnus, in dem zuletzt vor dem siegreich erhöhten Christus «*alle* Knie sich beugen im Himmel, auf Erden und in der Unterwelt, und *alle* Zungen bekennen, Jesus Christus ist der Herr zur Verherrlichung Gottes des Vaters» (Phil 2,10f.). Und wenn Jesus zum Vater betet: «Du hast ihm Macht über *alles* Fleisch gegeben, damit er *allen*, die du ihm anvertraut hast, das ewige Leben verleihe» (Joh 17,2), täte man dann nicht besser daran, das erste «alle», das universal sein kann, vom zweiten «alle» zu unterscheiden, das nur eine bestimmte Anzahl Erwählter meint? Aber kann man die überwältigende Stelle in 2 Kor 5,20f. irgendwie einschränkend deuten: Gott «hat den, der von keiner Sünde wußte, für uns *zur Sünde gemacht*, damit wir in ihm Gerechtigkeit Gottes würden?» Und wirkt es nicht geradezu peinlich, wenn derselbe Paulus uns in Röm 5 einhämmert, daß in Adam (dem Prinzip der naturhaften Menschheit) «*alle* dem Tod verfielen», «die Gnadengabe Gottes aber, dank dem einen Menschen Jesus Christus, auf *alle in viel reichlicherem Maße* übergeströmt ist?» Das wird siebenmal hintereinander betont, mit der Steigerung, daß «durch das Vergehen *aller*» (denn alle sind mitschuldig an der Verurteilung Christi) «über *alle* die Rechtfertigung und das Leben kam.» Das mehrfach betonte «noch viel mehr», «überströmend», ist unüberhörbar (Röm 5,15-21). Lauter fromme Übertreibungen?

Es könnten noch viele Stellen hinzugefügt werden. Wir leugnen keineswegs, daß die Reihe der Drohungen ihre Stärke abschwächt, wir bestreiten bloß, daß die Reihe der Drohungen die angeführten universalen Aussagen außer Kraft setzt. Und wir behaupten nicht mehr als dies: daß diese Aussagen uns ein Recht geben, für alle Menschen zu hoffen, was gleichzeitig besagt, daß wir uns nicht genötigt sehen, den Schritt von den Drohungen zur Setzung einer mit unsern Brüdern und Schwestern besetzten Hölle, womit unsere Hoffnung zunichte würde, vollziehen zu müssen.

Wer als Christ nicht anders glücklich sein kann, als indem er uns die Allgemeinheit der Hoffnung abspricht, um seiner vollen Hölle gewiß zu sein, dem wollen wir nicht widersprechen: es war ja die Ansicht einer Großzahl gewichtiger Theologen zumal in der Nachfolge Augustins. Aber wir möchten als Gegenleistung erbitten, die Hoffnung gelten zu lassen, daß das Heilswerk Gottes an seiner Schöpfung gelinge. Gewißheit läßt sich nicht gewinnen, aber Hoffnung läßt sich begründen.

Das wird der Grund sein, weshalb die Kirche, die so viele Menschen heiliggesprochen hat, sich nie über das Verlorensein eines einzigen geäußert hat.[28] Auch nicht über das des Judas, der irgendwie zum Exponenten dessen wurde, woran alle Sünder mitschuldig sind. Wer kann wissen, welcher Art die Reue war, von der Judas ergriffen wurde, als er sah, daß Jesus verurteilt worden war (Mt 27,3)?

[28] «Die Kirche hat nie von einem konkreten Menschen gesagt, daß er verdammt sei.» Johann Auer, «Siehe, ich mache alles neu.» Der Glaube an die Vollendung der Welt (Pustet, Regensburg 1984) 71.

4. Die Hölle für die andern

Das Evangelium Jesu Christi ist die Offenbarung der höchsten, durch nichts übertreffbaren Liebe Gottes zu uns, die wir uns nicht einen Deut um diese Liebe kümmern, überhaupt keine Vorstellung von ihren Dimensionen haben, höchstens froh sind, wenn einer die Last unserer Schuld vor Gott von uns weg auf sich selbst nehmen will. «Christus starb für uns, als wir noch Sünder, noch seine Feinde waren» (Röm 5,8.10), das heißt Gottverlassene, die «Gott den Rücken, nicht das Antlitz zukehren» (Jer 2,27).

Aber ist denn ein Mensch imstande, der ewigen, absoluten Liebe ins Antlitz zu schauen, ihr «gewachsen» zu sein? Und müßte nicht jeder, der ernstlich glaubend auf diese Liebe zuleben möchte, sich erst einmal des unendlichen Abstands von ihr, seiner eigenen gottverlassenen Lauheit und Gleichgültigkeit existentiell innewerden – um nicht dem Wahn zu erliegen, er könne, so wie er ist, sich in Gottes Arm stürzen und plötzlich imstande sein, im «verzehrenden Feuer» seiner Liebe zu leben?

Um uns diesen für uns unüberbrückbaren Abstand beizubringen, läßt uns Ignatius von Loyola am Ende seiner die «Geistlichen Übungen» einleitenden Sündenbetrachtungen eine letzte Betrachtung über die Hölle machen. Jeder muß sie im höchsten Ernst für sich selbst, für sich allein durchstehen: sich dabei mit allen seinen Sinnen in die «Flammen», in «Rauch» und «Gestank», «Bitterkeit», in «Wehklagen», «Geheul», «Geschrei», «Lästerungen» gegen Christus und die Seinen hineinversetzen – nicht bloß durch eine Anstrengung der Phantasie, sondern im Bewußtsein, daß alle, die «trotz ihres Glaubens seine Gebote (die Liebe natürlich) nicht hielten», sich selbst für immer von der abgelehnten ewigen Liebe wegverdammten. Dies aber soll angesichts der gekreuzigten Liebe Christi geschehen, in der Verwunderung, daß mir durch seine Barmherzigkeit dieses Schicksal bisher erspart worden ist, weil er unfaßlicherweise für meine Sünden starb. Das Innewerden des «*Gegenteils*» (Nr. 59) zwischen «seiner Weisheit und meiner Ignoranz», seiner Gerechtigkeit und meiner Ungerechtigkeit» ist für Ignatius die Bedingung für mein Zugelassenwerden in den bescheidenen Dienst (Nr. 114) für Christus.

«Hölle» ist hier das mir persönlich – nicht hypothetisch, sondern mit vollem Recht – Zustehende, dem ich, ohne Seitenblick auf andere, mit letztem Ernst standzuhalten habe. Und ich brauche nicht, wie Schwabs Reiter über dem Bodensee, nach Erfahren meines Entronnenseins tot umzusinken, sondern darf, in Dankbarkeit für Den, der mich durch das Eis seiner Gottverlassenheit getragen hat, leben.

Aber weh mir, wenn ich rückblickend zusehe, wie andere, die nicht so viel Glück hatten wie ich, in den Wellen versinken. Wenn ich also die Hölle objektiviere und daraus einen theologisch-wissenschaftlichen «Gegenstand» mache und anfange zu überlegen, wieviele dieser Hölle verfallen und wieviele ihr entgehen. Denn in diesem Augenblick verwandelt sich alles: die Hölle ist nicht mehr die je-meinige, sondern sie ist das, was «den andern» blüht, während ich ihr gottlob entronnen bin. Und ich kann mich fleißig und fromm auf die Heilige Schrift berufen: «Die Feigen, die Ungläubigen, Frevler, Mörder, Unzüchtigen, Zauberer, Götzendiener und alle Irrlehrer erhalten ihren Anteil im brennenden Feuer- und Schwefelpfuhl» (Apk 21,8). «Täuscht euch nicht: Unzüchtige, Götzendiener, Ehebrecher, Lüstlinge, Knabenschänder, Diebe, Habgierige, Trunkenbolde, Gotteslästerer, Räuber erhalten am Reich Gottes keinen Anteil» (1 Kor 6,9f.). Aber, sagt sich der theologisierende Monsignore, mir scheint, ich falle unter keine dieser Kategorien. Und schon ist ihm das Gebet auf den Lippen: «O Gott, ich danke dir, daß ich nicht bin wie die übrigen Menschen, wie Räuber, Betrüger, Ehebrecher – oder wie dieser Zöllner da» (Lk 18,11). Man bevölkert dann die Hölle nach eigenem Geschmack mit allerhand

Ungeheuern: Ivan dem Schrecklichen, Stalin dem Entsetzlichen, Hitler dem Wahnwitzigen und all seinen Spießgesellen, was gewiß auch eine ansehnliche Gesellschaft ergibt, der man im Himmel lieber nicht begegnen möchte.

Es kann als ein die Theologiegeschichte durchziehendes Motiv gelten, daß dort, wo man die Hölle mit einer «massa damnata» von Sündern füllt, man durch irgendeinen bewußten oder unbewußten Trick sich (vielleicht vorsichtig, aber doch getrost) auf die andere Seite stellt.

Man frage den großen Augustinus, den Lehrer der Gnade und der Liebe, der den größten Teil der Menschheit der ewigen Hölle verfallen sein läßt, ob er, Hand aufs Herz, sich nach seiner Konversion je über sein ewiges Heil Sorgen gemacht hat. «Viel Großes wird uns vom Herrn für die Zukunft verheißen, aber weit Größeres ist, wir wissen's, für uns geschehen. Wo waren die Gottlosen, was waren sie, als Christus für sie starb? Wer kann zweifeln, daß er seinen Heiligen sein Leben geben wird, der ihnen sogar seinen Tod gab? Einen wunderbaren Tauschhandel ging er mit uns ein: indem er unsern Tod übernahm, gelobte er uns aufs getreueste, uns in ihm das Leben zu geben. Wie gäbe er, der wahrheitsgetreu verspricht, nicht den Lohn der Heiligen?»[29]

[29] PL Suppl. II 545f.

«Die gesamte Masse (der Menschheit) verdient die Strafe, und wenn sämtlichen die geschuldete Qual der Verdammnis zuteil würde, so geschähe dies sicherlich nicht zu Unrecht. Welche somit durch Gnade daraus befreit werden, heißen nicht Gefäße ihrer eigenen Verdienste, sondern ‹Gefäße des Erbarmens› (Röm 9,23). Wessen Erbarmens? Dessen, der Christus Jesus in diese Welt sandte, um Sünder gerecht zu machen (1 Tim 1,15); der sie vorauserkannte und vorausbestimmte (praedestinavit) und berief und rechtfertigte und verherrlichte (Röm 8,29f.). Wer also wäre derart mit Tollheit geschlagen, daß er nicht unendlichen Dank der Barmherzigkeit dessen sagte, der, die er wollte befreite, und keinesfalls die Gerechtigkeit dessen beschuldigen könnte, der alle ausnahmslos verdammt hatte?»[30] Überflüssig, mehr zu zitieren, überflüssig auch, dem großen Lehrer die Häresie der «Glaubensgewißheit» in die Schuhe zu schieben.

Aber welche Jammergeschichte hat er bis über die Reformation hinaus ausgelöst mit seiner Idee, daß praktisch doch nur einige zum Himmel «prädestiniert» seien. Im Grunde ist es gleichgültig, ob es viele oder wenige sind. Man könnte hier an das jüdische «Vierte Esrabuch», nach der Zer-

[30] De natura et gratia 5; PL 44, 250.

störung Jerusalems verfaßt, zurückdenken, wo der «Prophet» auf einer Reise durch die Höllen die ungeheure Zahl der Verdammten erblickt und entsetzt Gott fragt, was denn das für eine Welt sei. Gottes Antwort: «Ich freue mich an den wenigen, die Rettung finden, ich will nicht Trauer hegen der Menge derer wegen, die verlorengehen.» Esra freilich soll sich für gerettet halten.[31]

Es ist zwecklos, hier die unendlich komplizierten und endlosen Spekulationen auszubreiten, die von Augustin durch das ganze Mittelalter hindurch sich hinziehen und auf tausend Arten versuchen, ausgehend von der Gewißheit der (mehr oder weniger dicht) bevölkerten Hölle, Gott von der Schuld daran zu entlasten. Das uns Interessierende ist einzig, daß diese Hölle zumeist «für die andern» da ist, für solche freilich, denen man ob ihrer Sünden «die Hölle heiß machen kann», ohne sie ernsthaft für sich selbst zu befürchten. Als ein so armer Kerl wie Gottschalk, der in Sachen Prädestination kaum über den konsequenten Augustinismus hinausging, verurteilt, gegeißelt und lebenslang gefangengesetzt wurde, hatte er doch in seinen Gebeten eine Gewißheit, zu den Erwählten zu gehören.[32]

[31] Rießler, Altjüdisches Schrifttum außerhalb der Bibel (1928) 274, 276.
[32] Lambot, Oeuvres ... de Godescalc d'Orbais (Louvain 1945) 73, 183 usf.

Wenn freilich erst die Reformatoren die Glaubensgewißheit, erwählt zu sein, auf ihren Schild erhoben haben, ist diese Lehre nicht unvorbereitet aus dem Boden geschossen, galt doch – um nur ein Beispiel anzuführen – die übernatürliche Hoffnung, das Heil zu gewinnen, bei Bonaventura als unfehlbar. Man weiß, welchen Gewissenskampf der junge Luther durchzustehen hatte, um vom Gedanken der Verdammnis weg sich im nackten Glauben zu Gott zu flüchten. Er erfährt, daß er keinesfalls dem Gebot Gottes gewachsen ist, daß ihn Gott deshalb von Rechts wegen strafen wird. Oder wollte Gott von ihm diese Erfahrung, damit der Sünder sich ihm auf Gedeih und Verderb ausliefere, anerkennend, daß er nichts aus sich selber ist und bereit sein muß, in die Hölle zu gehen, wenn dies zur Verherrlichung der göttlichen Gerechtigkeit sein sollte? So wird es für Luther zur «Grundfrage, ob es möglich sei, von der Unbedingtheit der Selbstverurteilung aus das Bewußtsein der Einheit mit Gott zu gewinnen».[33] Konnte man lernen, «die schlechthinnige Verwerfung und die ebenso unbedingte Begnadigung in der Anwendung auf sich ständig zusammenzudenken»?[34] «Bei Luther ist die Sache,

[33] Karl Holl, Gesammelte Aufsätze I. Luther (Tübingen ^{7}1948) 68.
[34] ebd. 144.

obwohl es sich nur um die *Möglichkeit* der Verwerfung handelt, bitterer Ernst.»[35] In der Römerbriefvorlesung 1515/16 hält er eine fraglose Glaubensgewißheit für einen Trost, den man den Schwachen zubilligen kann; der starke Christ müßte die Spannung aushalten und «sich ernsthaft auf die *Möglichkeit* einstellen, selbst zu den Verworfenen zu gehören. Darin zeige sich erst die Gottesliebe in ihrer vollen Reinheit, daß man den Willen Gottes selbst dann bejahe, wenn er das eigene Glück vernichte.»[36] Später freilich drängt sich auch bei Luther der Gedanke der Heilsgewißheit so in den Vordergrund, daß er für alle den Standpunkt einnimmt, den er anfangs nur den Schwachen eingeräumt hatte.

Die Stellung Calvins und des klassischen Calvinismus ist allzu bekannt, um einer näheren Beschreibung zu bedürfen: Die Zweiteilung der

[35] ebd. 151.
[36] WA II, 215, 8ff.: «Ich habe gewünscht, verbannt zu sein von Christus» (Röm 9,3). «Diese Worte kommen denen wunderlich, ja töricht vor, die sich heilig dünken... Für die aber, die Gott wahrhaft lieben mit der Liebe eines Kindes und Freundes, die nicht von Natur ist, sondern allein vom Heiligen Geist kommt, sind diese Worte wunderschön und Zeugnis eines Vorbildes von vollkommener Art. Solche schicken sich freiwillig in jeglichen Willen Gottes, auch in die Hölle und in den ewigen Tod, wenn es Gott so will, daß sein Wille völlig geschehe, sosehr suchen sie nichts von dem, was das Ihre ist. Doch so, wie sie sich dem Willen Gottes so ohne Vorbehalt gleichförmig machen, so ist's unmöglich, daß sie in der Hölle bleiben.» Römerbrief-Vorlesung 1515-1516 (München [3]1957) 302.

Menschheit in Erwählte (élus) und Verdammte (réprouvés) ist so eindeutig, daß man an der Art ihres Un- oder Schwachglaubens empirisch feststellen kann, daß sie zu der Klasse der letzteren gehören. In *Institutio* III,2 schildert Calvin die «reine und klare Erkenntnis», die unser Glaube an das Heilswerk Christi durch den Heiligen Geist in unseren Herzen erzeugt hat, und gibt die Erkennungszeichen an, die diesen echten Glauben von dem «hinfälligen und vorübergehenden» der Verdammten unterscheidet. Sie «gelangen nie bis zu dieser heimlichen innern Offenbarung ihres Heils, die die Schrift nur den Erwählten zuschreibt» (Nr. 12). So ist für Calvins Nachfolger «die Gewißheit des Heils und die Sicherheit des Gnadenstandes das wesenhafte Merkmal des Glaubens und die unmittelbarste Wirkung, welche derselbe im Bewußtsein der Erwählten hervorbringt..., eine unmittelbare, mit dem Glauben selbst gegebene certitudo absoluta.»[37] Man muß sich wirklich fragen, wie bei einer solchen, für die Ewigkeit geltenden Zweiteilung der Menschheit eine schlichtmenschliche Nächstenliebe, gar Feindesliebe im Sinne Christi noch möglich sein sollte. Es darf aber nicht unerwähnt bleiben, daß gewisse katholische Spätscholastiker sich ihrer-

[37] Heinrich Heppe, Reformierte Dogmatik (neu durchgesehen von E. Bizer, Neukirchen 1935) 410-411. Belegstellen aus den klassischen Dogmatiken dazu: 411-431.

seits die Köpfe darüber zerbrachen, ob, falls Gott mir eine Privatoffenbarung darüber gäbe, daß ein Mitmensch in die Hölle komme, ich ihn noch mit christlicher Liebe lieben oder ihm lediglich mit Höflichkeit begegnen müßte.

Das Konzil von Trient hat dieser ganzen Lehre von einer «Glaubensgewißheit» des Erwähltseins endgültig einen Riegel vorgeschoben.[38] Karl Barth hat seinerseits dieser kalvinistischen Lehre dadurch den Garaus gemacht, daß er erklärte, Jesus Christus sei für uns Sünder als der einzige von Gott Verworfene gestorben, um uns alle in ihm zu Erwählten zu machen: eine Lehre, die, wie anderswo gezeigt, zu nahe an die Lehre von der Apokatastase herankommt. Was für uns ein Gegenstand der Hoffnung bleibt, wird bei ihm praktisch doch zur Gewißheit. Luther hat den gleichen Gedanken öfters ausgesprochen: «Auch Christus ist mehr als alle Heiligen verdammt und verlassen worden. Er hat nicht, wie etliche vorgeben, nur leichthin gelitten, sondern wirklich und wahrhaftig hat er sich Gott dem Vater uns zugut in die ewige Verdammnis dahingegeben.»[39]

[38] DS 1534, 1564, 1565.
[39] Römerbrief-Vorlesung, l.c. 302-303.

5. Freude an der Verdammnis

Daß die Parabel vom reichen Prasser und dem armen Lazarus nichts weiter sein will als eine ernste Warnung an die Lebenden, sich des Armen vor ihrer Tür zu erbarmen, ist klar. Auch wenn noch so drastisch geschildert wird, wie der in den Flammen der Gehenna Gequälte um einen Tropfen Wasser an der Fingerspitze des im «Schoße Abrahams» weilenden Lazarus bittet, ist an das Gleichnis nicht die Frage zu stellen, wie es Abraham und ihm beim Anblick des Gefolterten wohl zumute sein mag: fühlen sie Mitleid, Gleichgültigkeit oder...? Die Frage ist im Kontext des Gleichnisses absurd. Denn sein «Absehen geht auf das Heil des Menschen, nicht auf die rein gegenständliche Information als solche», es «will kerygmatisch etwas für sein jetziges Leben, ihn hier und jetzt Betreffendes sagen.» Jede neutestamentliche und theologische Rede über die Hölle hat nur einen Sinn: «den Menschen dahin zu bringen, sein Leben im Angesicht der *realen Möglichkeit* ewigen Scheiterns zu meistern und die Offenbarung als einen Anspruch von letzter Ernsthaftigkeit zu verstehen. Die grundsätzliche Bezogenheit auf diesen *Heilssinn des Dogmas* muß daher den Grenzstein und den innern Leitfaden aller Spekulation auf diesem Gebiet abgeben» (J. Ratzinger; LThK 1960, Bd. 5, Sp. 448).[40]

Aber angenommen, es gebe wirklich einen solchen Blick über den Abgrund zwischen Himmel und Hölle, müßte ein gewissenhafter Theologe sich die Frage nicht dennoch stellen, wie den Seligen zumute ist, wenn sie welche von ihren Brüdern und Schwestern in der Hölle braten sehen? Die Frage stellt sich natürlich nur, falls es erstens solche gibt, und zweitens, falls man sie vom Himmel aus sieht, sie wenigstens dort vermißt.

[40] Nicht sonderlich überzeugend A. Auer dazu: «Es werden alle Menschen in Ewigkeit gerettet, weil Gott die Liebe ist. Gern wird dazu bemerkt, daß wir selber bei Gott nicht selig sein können, wenn wir ‹unter› uns unsere Brüder und Schwestern für ewig verdammt sahen. Hier liegt wohl ein allzu naives menschliches Verständnis von der ewigen Seligkeit zugrunde, das unserem katholischen Bild vom Heiligen Dreifaltigen Gott nicht gerecht werden kann. Vielleicht ist hier auch ein irriges (marxistisches?) Gesellschaftsverständnis im Spiel?»

Ein ganz Schlauer unter den vielen, die mir Schmähbriefe schrieben, hat sich folgendes ausgedacht: «Kann man sich im Himmel nach verdammten Verwandten oder Freunden sehnen? Jesus sagt, daß im Jenseits die Menschen sein werden wie die Engel, die Blutsverwandtschaft spielt keine Rolle mehr. Das einzig Bindende ist die gleiche Gesinnung: ‹Der ist mir Mutter, Bruder, Schwester, der den Willen des Vaters erfüllt.› Wenn ich auf Erden meine Mutter als eine verstockte Hure gekannt hätte, dann würde ich im Himmel kein Verlangen nach ihr haben.» Ist das für einen in Gott Liebenden sicher? Und wie, wenn sie keine verstockte Hure war?

Am Ende des Jesajabuchs wird geschildert, wie die im endzeitlichen, herrlichen (irdischen) Jerusalem Geretteten aus den Stadttoren hinausspazieren; sie «sehen dort die Leichen der Männer, die sich gegen Mich erhoben haben. Ihr Wurm wird nicht sterben und ihr Feuer wird nicht erlöschen; sie werden ein Abscheu sein für alles Fleisch» (Jes 66,24). Anstelle von «Abscheu» setzt die Septuaginta «Anblick», und die lateinische Übersetzung des Hieronymus formuliert: «et erunt usque ad satietatem visionis omni carni» (PL 28,848), was wörtlich übersetzt hieße: «und sie werden für alles Fleisch bis zur Sättigung der Schau sein» – ein recht dunkler Passus. Immerhin gibt es im Alten Testament vergleichbare Stellen, zum Beispiel Psalm 58,7.11: «O Gott, zerbrich ihnen die Zähne im Munde! ... Der Gerechte wird sich freuen, daß er Rache schaut, wird seine Füße baden im Blut der Gottlosen.»

Nun hat der Verfasser des theologischen Schulbuchs des Mittelalters, Petrus Lombardus, sein Werk mit der Frage beendet, ob die Bewohner des himmlischen Jerusalem einst auch vor den Toren der Stadt die im Feuer Schmachtenden «beschauen» werden, und welchen Eindruck diese «sättigende Schau» (der Verfasser beruft sich eigens auf Hieronymus) ihnen machen werde. «Zuletzt fragen wir», so endet der Lombarde, «ob der Anblick der Strafe der Verdammten die

Herrlichkeit der Seligen verschatte (decoloret) oder ihre Seligkeit fördere.» Mit Gregor dem Großen stellt er fest, daß es im Himmel «kein Mitleid mit dem Elend mehr geben wird», und so die Freude der Himmlischen nicht getrübt werden kann. «Und obschon ihre Freuden ihnen genügen, so gereicht es ihnen zur erhöhten Glorie, die Strafe der Bösen zu sehen, denen sie durch Gnade entronnen sind.» «Sie danken für ihre Errettung, da sie das unsägliche Elend der Gottlosen erblicken. ‹Denn es freut sich der Gerechte, wenn er die Rache sieht› (Ps 58,11)» (14 Sent. 50).

Der seraphische Lehrer Bonaventura, der sonst recht derb über die Hölle sprechen kann, scheut sich, diese letzte Feststellung des Lombarden zu kommentieren. Er stellt bloß fest (wieder mit Zitat von Ps 58), daß die Seligen die Hölle sehen, während die Verdammten den Himmel nicht sehen; wenigstens nach dem Jüngsten Gericht nicht mehr, denn das würde sie von ihrer Qual ablenken. Er ist auch mit Gregor der Meinung, daß Mitleid etwas Diesseitiges sei und nicht zur «Güte der Natur im allgemeinen gehört» (4 d 50 p 2 a1 q3).

Thomas dagegen weicht vor keiner noch so dornigen Frage zurück. Er macht sich selbst den Einwand, Mitleid sei doch ein Modus der Liebe, und diese sei in den Seligen vollkommen. Auch Gott habe doch mit unserem Elend Erbarmen, die Engel ebenfalls. Freilich: «Wer Mitleid mit andern hat, hat irgendwie teil an ihrem Leid; die Seligen aber können an niemandes Elend mehr teilhaben.» Aber freuen sie sich wirklich an den Strafen der Verdammten? Das wäre Haß oder Schadenfreude. Dem stehen wieder die erwähnten Bibelstellen entgegen. Was also? Gott, Engel und Menschen können mit Sündern, solange sie auf Erden sind, Mitleid haben, indem sie diesen zum Heil verhelfen wollen. «In der kommenden Welt aber kann deren Elend nicht mehr verändert werden, so kann es damit auch kein geordnetes Mitleid mehr geben.» Aber Freude darob? Nicht «per se», wohl aber «per accidens», sofern die Gerechten im Blick auf die göttliche Gerechtigkeit über ihre eigene Befreiung und bloß «nebenher über die Qualen der Verdammten» sich freuen (4 d 50 q2 a3 und 4).

Es sei Fleißigeren überlassen, die Aberhunderte von Kommentaren zum Sentenzenwerk (gedruckte und ungedruckte) durchzugehen, und den Stellungnahmen unzähliger Theologen zu diesem peinlichen – ich möchte lieber sagen: schändlichen – Problem nachzuforschen. Aber läßt sich dieses unter den Voraussetzungen einer mit Sicherheit gefüllten Hölle völlig umgehen? Etwa wenn ich vom Himmel aus meine Mutter oder meinen besten Freund in ewiger Folter sähe?

Es geht nicht darum, solche Situationen pathetisch auszumalen, wohl aber die absolut nüchterne, unumgängliche Frage zu stellen: Ist in der besagten Hypothese jedes menschliche, jedes christliche Band – als «communio sanctorum» bezeichnet – schlechterdings aufgehoben? Und tiefer, von Gott selbst aus betrachtet: Liebt Gott die Verdammten nicht mehr, für die doch sein Sohn gestorben ist? Oder – falls ich auf meine früher entwickelte Hypothese zurückgreifen darf – brennen die absoluten Neinsager im Feuer der absoluten, auch sie umfassenden göttlichen Liebe, und welche Wirkung hat eine solche Situation auf Gott?

6. *«Wegverflucht von Christus um meiner Brüder willen»*

Paulus, der eben noch (Röm 8,39) versichert hatte, nichts könne ihn trennen von der Liebe Gottes in Christus unserem Herrn, beteuert im nächstfolgenden Vers im «Heiligen Geist» seinen unablässigen Schmerz wegen seiner «Brüder», seiner «Verwandten dem Fleische nach», und daß er von Christus weggeflucht sein möchte, wenn er sie dadurch zu Christus bringen könnte. Wir werden gleich sehen, wie die Exegeten sich winden, um mit einer so wahnwitzigen Äußerung fertig zu werden.

Aber zunächst ist die erstaunliche Tatsache zu bedenken, daß er darin in Mose einen Vorgänger gehabt hat. Gott ist empört über die Verfertigung des goldenen Kalbes, Mose war mit den Gesetzestafeln vom Berg herabgeschritten und hatte im gleichen Zorn angesichts des tanzenden Volkes die Tafeln zerschmettert. Das Kalb wird zerstört, aber am folgenden Tag kündet Mose, er werde versuchen, Jahwe zu beschwichtigen; er steigt auf den Berg und bietet sich selbst als Sühneopfer für die Sünde des Volkes an. «Wenn es dir gefiele, verzeih ihre Sünden. Wenn nicht, so tilge mich bitte aus dem Buch (des Lebens)» (Ex 32,32).

Diese Tat Moses wird im Alten Testament hoch gefeiert: «Gott gedachte, sie zu vertilgen, wenn nicht sein Erwählter Mose vor ihm in die Bresche (in den Riß) gesprungen wäre, um seinen Vernichtungszorn abzuwenden» (Ps 106,23). Jeremia ahmt ihn nach: «Erinnere dich, wie ich vor dir stand, um zu ihren Gunsten zu reden und deinen Zorn von ihnen abzuwenden» (Jer 18,20). Und nochmals ähnlich Ezechiel (13,5; 22,30). Im Deuteronomium wird das Selbstangebot Moses an Gott beschrieben als ein fürbittendes Hingestrecktbleiben vor Gott vierzig Tage und vierzig Nächte lang (Dt 9,25).

Aber auch mehrere Väter haben diesen heroischen Liebesakt Moses verteidigt, Chrysostomus insbesondere, bis hin zu Bernhard und zu Rupert von Deutz,[41] welcher sagt: «Wir wollen nicht, was Mose in höchstem Ernst gesagt hat, auf einen trivialen Sinn einengen, weil wir Schwächlinge und kalte Seelen die Reichtümer des von Liebe glühenden Geistes Moses nicht fassen können.» Kein Einwand verschlägt: daß es Sünde sei, sich von Gott trennen zu wollen (es geschieht ja aus Liebe), daß es eine unmögliche Sache sei (das liegt nicht in Moses Blickfeld), daß es ungeord-

[41] Stellen angeführt bei Cornelius a Lapide, Exoduskommentar (Vivès 1895) 729-732. Cornelius weist zum Schluß auf die Selbstopfer heidnischer Helden für das Vaterland hin, betont aber, diese hatten nur den Leib hingegeben, während Mose seine Seele anbot. Vgl. auch die Chrysostomusstelle, die Thomas von Aquin in seiner Römerbriefauslegung zur Stelle anführt.

net und unklug sei (es erfolgt ja aus Liebe zur großen Volksmenge: mag einer zugrunde gehen, wenn viele Tausende dadurch gerettet werden).

Pauli Selbstangebot an Gott für seine Stammesbrüder sollte ebensowenig die Tat des Moses herunterspielen. Origenes hat Röm 9,3 mit Ex 32,32 verglichen, ja darüberhinaus Pauli Angebot zum Verfluchtwerden verglichen mit der Aussage von Gal 3,13, wo Christus um unsertwillen zum Fluch wird.[42] Gregor von Nazianz (Or. 2,55) sagt dasselbe: Paulus ahmt hierin Christus nach. Alle Väter rühmen seine überschwengliche Feindesliebe.[43] Es ist zwecklos, auch hier mit minimalistischen Auslegungen aufzuwarten.[44] «Auf jeden Fall ist das Angebot des Paulus ernsthaft gemeint.»[45] «Dazu bereit sein, ist für den Christen der äußerste Beweis seiner Liebe zu Israel.»[46]

[42] Römerkommentar PG 14, 1138f.

[43] Näheres bei K.H. Schelkle, Paulus, Lehrer der Väter (Düsseldorf 1956) 327-330.

[44] Z.B. Alvarez de Paz, De vita spirituali (Lugd. 1608). «Er will für einige Zeit das tröstende Gefühl der Anwesenheit Christi entbehren» (632a). Andere abschwächende Deutungen aufgeführt bei R. Cornely, Römer (1896) 473f.

[45] Otto Michel, Der Brief an die Römer (^{4}1966) 225.

[46] Ernst Käsemann, An die Römer (1973) 246. Auch Ulrich Wilckens, Der Brief an die Römer (EKK 1980) zieht die Parallele zwischen Röm 9,3 und Ex 32,32 und sieht, daß Paulus «in gewisser Hinsicht dem Handeln Christi» folgt: «Wie Christus den Fluch des Gesetzes auf sich gezogen hat, um den verlorenen Sünder zu retten, so will jetzt Paulus seine durch den Unglauben verlorenen Brüder retten, in-

Und wieder hat Luther den Wunsch Pauli sehr ernstgenommen und in ihm einen Erweis der vollkommenen Liebe gesehen (Römerbrief, zur Stelle).

Stehen diese beiden Beispiele äußerster Liebe ohne Nachahmung allein? Nein, es gibt in der Geschichte der Heiligen vielfache Nachahmungen, den Wunsch, sogar das Gelübde, sein eigenes Heil für das Heil anderer zu opfern. Die Geschichte dieser sicher nicht gefahrlosen Wagnisse ist wohl noch nicht geschrieben worden, und wir wollen sie hier nicht zu schreiben unternehmen. Aber was gibt es nicht alles in verborgenen Schattenwinkeln christlicher Geschichte, bis wohin gehen die beschwörenden Gebete christlicher Mütter für ihre auf Abwege geratenen Söhne und Töchter? Bis wohin das Selbstangebot von Märtyrern oder auch von einfachen Priestern für ihre Feinde oder nicht mehr einholbaren Schutzbefohlenen? Nur Gott könnte es uns offenbaren, in unlösbarem Zusammenhang mit dem Todesschrei seines Sohnes: «Mein Gott, warum hast du mich verlassen?» Denn in diesem Schrei – da der Sohn Gottes für uns zum «Fluch» und «zur Sünde» wird – sind all die uns wahn-

dem er selbst zu einem dem Untergang geweihten Verfluchten wird.» Natürlich weiß er: «Allein das Kreuz ist der Ort eschatologischer durch Gottes Gerechtigkeit geschaffener Sünde» (II 187).

witzig erscheinenden Selbstangebote, von Mose und Paulus aufgefangen, eingeborgen und überholt.

Wir geraten hier in tiefe Wasser, in denen jeder menschliche Geist seinen Halt verliert. Kann wirklich menschlicher Trotz der gottmenschlichen Stellvertretung seiner Sünde bis zuletzt widerstehen? Sagt man dazu getrost und rundweg: Ja, er kann es, und füllt man damit die Hölle mit Neinsagern, so müssen die Theologen wieder seltsame Distinktionen im Gnadenwillen Gottes anbringen: es gibt dann eine «hinreichende Gnade» (gratia sufficiens), dadurch gekennzeichnet, daß sie von Gott aus gesehen «hinreichen» müßte, den Sünder zu bekehren, aber von diesem so abgelehnt wird, daß sie eben nicht hinreicht, ihre Absicht zu erreichen; und eine «wirksame Gnade» (gratia efficax), die es fertigbringt, an ihr Ziel zu gelangen. Andererseits werden wir nicht sagen dürfen, daß diese letztere den Willen des Sünders einfach überrumpelt, seine Zustimmung muß doch eine freie sein. In welches Dunkel verlieren wir uns hier? Christi stellvertretende Übernahme der Sündenschuld darf gewiß nicht als eine magisch-mechanische Auswechslung verstanden werden: vom Kreuz abgesehen bin ich Sünder und Anwärter der Hölle, aufgrund des Kreuzes ist mir die Schuld abgenommen, und ich bin Kandidat für den Himmel. So geht es sicherlich nicht. Ohne mein Einverständnis kann über mich als freie Person nicht verfügt werden. Wie soll man demnach die durch das Stellvertretungswerk Christi (und darin eingeborgen Moses, Pauli und aller, die sich für andere opfernd anbieten) erwirkte Gnade verstehen?

Wir können versuchsweise sagen: So, daß der Heilige Geist, der Geist absoluter Freiheit, uns innerhalb unseres freien Geistes sehen läßt, was unsere *eigene* wahre Freiheit wäre, indem er uns also mit uns selbst, mit unserer höchsten eigenen Möglichkeit konfrontiert: wir *könnten* nicht bloß zu uns selber ja sagen (das erwirkt uns die Stellvertretung), es wird uns auch das Sinnvolle eines solchen Ja und die *Lust dazu* vorgestellt, ja eingegeben. Willst du wirklich auf immer im Widerspruch zu dir selber existieren?

Bis hier kann die Gnade vordringen. Und wenn man an den genannten Unterscheidungen festhalten will, dann müßte man sagen: die Gnade ist «wirksam», wenn sie meiner Freiheit ein so evidentes Bild ihrer selbst vorstellt, daß sie nicht anders kann, als sich selber *frei* zu ergreifen, und sie wäre bloß «hinreichend», wenn dieses Bild meine Freiheit nicht wirklich bewöge, sich selbst zu bejahen, diese vielmehr lieber in ihrem Selbstwiderspruch verharrte.

Weiter in diese tiefen Wasser vorzudringen, ist uns nicht verstattet. Wir müssen bei der Feststellung haltmachen: Es läge in Gottes Macht, seine aus dem Selbstopfer seines Sohnes in die Welt ausströmende Gnade (2 Kor 5,19) mächtig genug sein zu lassen, sich für alle Sünder zu seiner «wirksamen» Gnade zu machen. Eben dies aber können wir nur *hoffen*.

Aber wenn wir abschließend auf Mose und Paulus zurückblicken, zeigt sich doch etwas, was dieser Hoffnung Mut macht. Der «Untergang», den sich beide angesichts Gottes wünschen, hat hingereicht, den «Aufgang» dessen zu erreichen, wofür sie sich einsetzten. Dort wird Gottes Unwille besänftigt, Jahwe wird seinen Engel dem durch die Wüste wandernden Volk voraussenden, um es ins versprochene Land zu geleiten. Und hier wird der Apostel als abschließenden Satz hinschreiben dürfen: «Ganz Israel wird gerettet werden.» Die liebenden Untergänge sind es, die sich in die Gnade der freien Aufgänge wandeln. Das müßte man den Tausenden von Müttern sagen, die sich für ihre entarteten Kinder darbieten.

7. Die Pflicht, für alle zu hoffen

Wenn die Gerichtsdrohungen und die grausam-schrecklichen Bilder von der Schwere der über die Sünder verhängten Strafen, die wir in Schrift und Tradition finden, einen Sinn haben, dann bestimmt zunächst den, mir selber den Ernst der Verantwortung vor Augen zu führen, die mir mit meiner Freiheit gegeben ist. Zwingen mich Schrift und Tradition aber auch, aus diesen Gerichtsdrohungen jenseits meiner selbst anzunehmen, daß auch nur *ein anderer* außer mir der Hölle verfallen oder dafür bestimmt ist? Mir scheint, es läßt sich ganz im Gegenteil (aus der Perspektive allerdings nur der praktisch-fordernden, nicht auch der theoretisch-wissenden Vernunft) zunächst die folgende These vertreten: Wer mit der Möglichkeit auch nur *eines* auf ewig Verlorenen außer seiner selbst rechnet, der kann kaum vorbehaltlos lieben... Schon der leiseste Hintergedanke an eine endgültige Hölle für andere verführt in Augenblicken, wo das menschliche Miteinander besonders schwierig wird, dazu, den andern sich selbst zu überlassen. Man müßte sich aber «wirklich vorbehaltlos entscheiden, jeden Menschen in seinem ganzen Wert anzuerkennen und in dieser Bejahung der andern die eigene endgültige Freude suchen. Sieht man die Dinge so, dann bedeutet ein ‹Himmel für alle› nicht etwa den Anreiz zur Faulheit im ethischen Engagement, sondern die schwerste Anforderung an alle, die man sich denken kann: den Entscheid für eine Geduld, die grundsätzlich niemals aufgibt, sondern unendlich lange auf den anderen zu warten bereit ist... Wenn ich aufgrund der universalen Güte Gottes keinen auf ewig abschreiben darf, dann könnte mein ewiges Unglück gerade darin bestehen, daß ich selbst einfach nicht die Geduld aufbringe, auf die ‹Bekehrung des anderen› unendlich lange zu warten.»[47] Und nicht irgendwann dem Lieben Gott zu sagen: «Bin ich der Hüter meines Bruders?» Kann ein Christ dieses Mörderwort in den Mund nehmen? Und welcher Mensch ist nicht mein Bruder?

Karl Rahner ist daher recht zu geben, wenn er sagt: «Wir haben die Sätze von der Macht des allgemeinen Heilswillens Gottes, der Erlösung aller durch Christus, der *Pflicht der Heilshoffnung für alle* und den Satz von der wahren Möglichkeit ewiger Verlorenheit unverrechnet nebeneinander aufrechtzuerhalten». Und was die Verkündigung angeht, so muß hier «neben deutlicher Hervorhebung der Hölle als *Möglichkeit* der bleibenden Verhärtung jedoch in gleichwertiger Weise die Aufmunterung zu der hoffnungs-

[47] Hansjürgen Verweyen, Christologische Brennpunkte (Ludgerus, Essen 1977) 119-122.

vollen und vertrauenden Übergabe an die unendliche Barmherzigkeit Gottes stehen.»[48] Die Gewißheit, daß eine Anzahl Menschen, vornehmlich die Ungläubigen, der ewigen Hölle verfallen, können wir dem Islam überlassen, aber wir haben ebenfalls die christliche «Universalität der Erlösung dem jüdischen Heilspartikularismus» entgegenzustellen.[49] Hermann-Josef Lauter stellt die bange Frage: «Werden es wirklich *alle* sein, die sich versöhnen lassen? Diese Frage kann keine Theologie oder Prophetie beantworten. Aber die Liebe *hofft alles* (1 Kor 13,7). Sie kann nicht anders, als die Versöhnung aller Menschen in Christus erhoffen. Solche unbegrenzte Hoffnung ist christlich nicht nur erlaubt, sondern *geboten.*»[50] «Ich kann mich des Eindrucks nicht erwehren», sagt der Exeget Joachim Gnilka, «daß Paulus zumindest gelegentlich die glühende Hoffnung in sich trug, daß alle Menschen das Heil finden werden, eine Auffassung, die später als Lehre unter dem Namen Apokatastasis verbreitet und als Lehre verurteilt wurde. Es ist aber auch heute erlaubt, diese Hoffnung zu hegen, unter der Voraussetzung, daß die Solidarität mit der Menschheit, die in dieser Hoffnung zum Aus-

[48] Sacramentum Mundi (Freiburg, II 1968) Art. Hölle, 737-738.
[49] ebd. (Freiburg, I 1967) Art. Erlösung, 101.
[50] Pastoralblatt (Köln 1982), 101.

druck kommt, von den Christen auf ähnliche Weise geübt, durchgekämpft und durchlitten wird, wie das im Leben des Apostels der Fall war.»[51] G. Greshake: «Dennoch: universale Hoffnung.»[52] «Einer kann für den andern das ewige Leben erhoffen, sofern er durch die Liebe mit ihm eins ist», hatte Thomas von Aquin gelehrt,[53] und welchem Bruder dürften wir diese Liebe verweigern? Oder könnten wir wirklich Dante glauben, wenn er über sein Höllentor schrieb: «Mich schuf die göttliche Macht, die höchste Weisheit und die Erste Liebe» (Inf. III), um nachher zusehn zu müssen, wie es in seiner Hölle zugeht?

Folgen wir nicht lieber der Kirchenlehrerin Katharina von Siena, wenn sie ihrem Beichtvater, dem seligen Raymund von Capua, gestand: «Wäre ich ganz vom Feuer der göttlichen Liebe entbrannt, bäte ich dann nicht mit brennendem Herzen meinen Schöpfer, den wahrhaft Barmherzigen, all meinen Brüdern Barmherzigkeit zu erweisen?» Sie sprach, erzählt Raymund, mit leiser Stimme zu ihrem Bräutigam und sagte ihm:

[51] Die biblische Botschaft von Himmel und Hölle – Befreiung oder Versklavung? in: Ungewisses Jenseits? (hrg. von G. Greshake, Patmos Paperback 1986) 30.
[52] ebd. 83-88.
[53] S.Th. II II, 17,3. Die Exegese dieser Stelle durch Besler ist schlicht ungenügend (Th 1986, 7332)

«Wie könnte ich denn, Herr, mich damit abfinden, daß ein einziger von denen, die Du wie mich nach Deinem Bild und Gleichnis geschaffen hast, verlorenginge und Deinen Händen entglitte? Nein, auf gar keinen Fall will ich einen einzigen meiner Brüder zugrundegehen sehen, einen einzigen derer, die mir durch eine gleiche Geburt zur Natur und zur Gnade geeint sind. Ich will, daß sie alle dem alten Feind entrissen seien, daß Du sie alle zur Ehre und zur größeren Verherrlichung Deines Namens gewinnst.» Der Herr erwiderte ihr, wie sie Raymund heimlich bekannte: «Die Liebe kann sich in der Hölle nicht halten, sie würde die Hölle völlig vernichten; leichter höbe man sie auf, als daß man die Liebe in ihr hausen ließe.» «Wenn nur Deine Wahrheit und Deine Gerechtigkeit sich offenbarten», erwiderte dann die Heilige, «so begehrte ich, daß es keine Hölle mehr gäbe oder zumindest keine Seele dorthin geriete. Könnte ich Dir in Liebe vereint bleiben und mich dabei vor den Eingang der Hölle aufstellen und sie derart verschließen, daß niemand mehr darin eintreten könnte, so wäre das die höchste meiner Freuden, denn so würden alle, die ich liebe, gerettet.»[54]

[54] Vie de Sainte Catherine de Sienne par le bienheureux Raymond de Capoue (éd. Hugueny O.P., Paris o.J.) 479, 481. Ich verdanke den Hinweis auf diese Stelle P. Christoph von Schönborn O.P.

Aber gerade hier wird man mit den zahlreichen Texten anrücken, die uns beweisen, daß Katharina selbst und viele andere Mystiker, die in der Nachfolge Christi eine als ewig erfahrene Verdammnis und Gottverlassenheit erlebt haben – Besler hat uns seitenweise ihre Aussagen aneinandergereiht –, trotz allem vom Faktum der Verdammnis vieler überzeugt waren. Hier genau stehen wir vor dem absoluten Paradox der christlichen Liebe. Die ihnen vor Augen geführte Hölle erzeugt in ihnen keineswegs Resignation, sondern entzündet sie erst recht zum Widerstand dagegen. Man muß freilich hier eine echte Unterscheidung der Geister tätigen. Es gibt die Fälle, da der Heilige eine Menge von Menschen der Hölle *zustreben* sieht (wie «Schneeflocken», wie «fallende Blätter») und sich angesichts dieser «Richtung auf die Hölle zu» in die Bresche wirft. Es gibt andere Fälle, wo eine persönliche Erfahrung der Hölle geschenkt wird, ohne daß Verdammte sichtbar werden; hier ist es (wie bei Johannes vom Kreuz und Theresia von Avila) eine göttliche Gnade, die den Eifer für Stellvertretung erweckt. «Daher kommen auch die mächtigen Antriebe, den Seelen zu helfen, so daß mir in Wahrheit scheint, ich würde mit der größten Freude tausendmal den Tod erleiden, damit auch nur eine einzige Seele so entsetzlicher Pein entgehe» (Theresia). Von der Kleinen Therese sagt

Besler mit Recht: «Es steht außer Zweifel, daß ihr die Lehre der Kirche über die *Möglichkeit* der ewigen Verdammnis ein großes Anliegen war.» Selbst wenn es Fälle gab, wo nicht nur *Bilder* der Hölle vorgeführt wurden (was meiner Ansicht nach von der Höllenschau der Kinder von Fatima zu gelten hat), sondern gewisse Auserwählte die subjektive Gewißheit hatten, daß eine Anzahl von Menschen bereits verloren ist, so überwiegt (und das ist die Absicht der Offenbarung) bei ihnen der Wunsch, sich gegen das Gezeigte einzusetzen, es gleichsam unwahr zu machen, bei weitem den Gedanken, daß angesichts der als verloren Geschauten nichts mehr zu machen ist. Das ist evidentermaßen der Fall in der «Höllenbetrachtung» des Exerzitienbuches, die angesichts von Verlorenen gemacht werden soll, und zwar – wie immer bei Ignatius – im Gespräch mit Christus unserem Herrn.

Im Wesentlichen geht es in all diesen Fällen um die Gnade eines Mitleidendürfens mit dem Herrn, wie es mit großer Klarheit bei Marie des Vallées heißt: «Ihre Leiden waren, wie der Herr ihr versicherte, eine Anteilnahme an den seinen, eine Erneuerung dessen, was er zu leiden hatte, als er die Sünden der Welt trug und selbst Sünde geworden war. Es war eine ganz neue Hölle, ... die die göttliche Liebe für mich schuf und die in ihrer Härte, ihrer Stärke und ihren Qualen die

Hölle der Verdammten ... überstieg» (Besler, Th 1986, 7458), womit wir genau bei den Erfahrungen und Aussagen Adriennes von Speyr landen. Gerade die (angeblich von mir unterdrückten) Stellen bei Mechthild von Hackeborn, Angela von Foligno, Juliana von Norwich (ebd. 7359) zeigen, daß selbst angesichts einer geglaubten Hölle die Heilige sich nur desto mehr um eine Liebe müht, die das vor ihr Geschriebene durchstreicht. Der mehrfach verwendete Gedanke, den Verdammten wenigstens ihre Qualen zu lindern, ein Gedanke, der an scholastische Spekulationen anknüpft, ist als ein tastender Versuch zu sehen, das anscheinend Widersprechende zu versöhnen.

Doch wir wollen dies ganze, wie versprochen, mit einer großen Stelle aus dem Werk der neuen Seligen Edith Stein schließen, die aufs genaueste das ausdrückt, was wir in diesen kurzen Kapiteln zu entwickeln versuchten:

«Wir suchten zu verstehen, welchen Anteil die Freiheit am Werk der Erlösung hat. Dazu reicht es nicht aus, wenn man die Freiheit allein ins Auge faßt. Man muß ebenso prüfen, was die Gnade vermag, und ob es auch für sie eine absolute Grenze gibt. Das sahen wir schon: die Gnade muß zum Menschen kommen. Von sich aus kann sie bestenfalls bis ans Tor kommen, aber niemals sich den Eintritt erzwingen. Und weiter:

sie kann zu ihm kommen, ohne daß er sie sucht, ohne daß er sie will. Die Frage ist, ob sie ihr Werk ohne seine Mitwirkung vollenden kann. Es schien uns, daß diese Frage verneint werden muß. Das ist ein schwerwiegendes Wort. Denn offenbar liegt darin, daß Gottes Freiheit, die wir Allmacht nennen, an der menschlichen Freiheit eine Grenze findet. Die Gnade ist der Geist Gottes, der sich zur Seele des Menschen herabsenkt. Sie kann darin keine Stätte finden, wenn sie nicht frei darin aufgenommen wird. Das ist eine harte Wahrheit. Sie besagt – außer der erwähnten Schranke der göttlichen Allmacht – die prinzipielle Möglichkeit eines Sichausschließens von der Erlösung und dem Reich der Gnade. Sie besagt *nicht* eine Grenze der göttlichen Barmherzigkeit. Denn wenn wir uns auch nicht dem Faktum verschließen können, daß für Unzählige der zeitliche Tod kommt, ohne daß sie der Ewigkeit einmal ins Auge gesehen haben und das Heil für sie zum Problem geworden ist; daß weiterhin viele sich zeitlebens um das Heil bemühen, ohne der Gnade teilhaftig zu werden – so wissen wir doch nicht, ob nicht für alle diese an einem jenseitigen Ort die entscheidende Stunde kommt, und der Glaube kann uns sagen, daß es so ist.

Die allerbarmende Liebe also kann sich zu jedem herabneigen. Wir glauben, daß sie es tut. Und nun sollte es Seelen geben, die sich ihr dauernd verschließen? Als prinzipielle Möglichkeit ist das nicht abzulehnen. *Faktisch* kann es unendlich unwahrscheinlich werden. Eben durch das, was die vorbereitende Gnade in der Seele zu wirken vermag. Sie kann nur eben anklopfen, und es gibt Seelen, die sich ihr schon auf diesen leisen Ruf hin öffnen. Andere lassen ihn unbeachtet. Dann kann sie sich in die Seelen einschleichen und sich mehr und mehr darin ausbreiten. Je größer der Raum ist, den sie so *illegitimer* Weise einnimmt, desto unwahrscheinlicher wird es, daß die Seele sich ihr verschließt. Sie sieht nun die Welt schon im Lichte der Gnade. Sie erblickt das Heilige, wo es ihr begegnet und fühlt sich davon angezogen. Sie bemerkt ebenso das Unheilige und wird davon abgestoßen, und alles anderes verblaßt gegenüber diesen Qualitäten. Dem entspricht in ihrem Innern eine Tendenz, sich im Sinne der Gnade, der ihr eigenen *Vernunft* gemäß und nicht mehr der natürlichen oder der des Bösen zu verhalten. Folgt sie diesem innern Drange, so unterwirft sie sich damit implicite der Herrschaft der Gnade. Es ist möglich, daß sie das nicht tut. Es bedarf dann einer eigenen gegen den Einfluß der Gnade gerichteten Aktivität. Und diese Leistung der Freiheit bedeutet eine größere Anspannung, je mehr sich die vorbereitende Gnade in der Seele ausgebreitet hat. Diese Abwehrtätigkeit stützt sich – wie alle freien Akte –

auf ein andersgeartetes Fundament, etwa auf natürliche Impulse, die neben denen der Gnade noch in der Seele wirksam sind.

Je mehr Boden die Gnade dem, was vor ihr die Seele erfüllte, abgewinnt, desto mehr entzieht sie den gegen sie gerichteten Akten. Und für dieses Verdrängen gibt es keine prinzipiellen Grenzen. Wenn alle dem Geist des Lichts entgegenstehenden Impulse aus der Seele verdrängt sind, dann ist eine freie Entscheidung gegen ihn unendlich unwahrscheinlich geworden. Dann rechtfertigt der Glaube an die Schrankenlosigkeit der göttlichen Liebe und Gnade auch die *Hoffnung auf eine Universalität der Erlösung*, obgleich durch die prinzipiell offenbleibende Möglichkeit des Widerstands gegen die Gnade auch die Möglichkeit einer ewigen Verdammnis bestehen bleibt. So betrachtet heben sich auch die früher bezeichneten Schranken der göttlichen Allmacht wieder auf. Sie bestehen nur, solange man allein göttliche und menschliche Freiheit einander gegenüberstellt und die Sphäre außer acht läßt, die das Fundament der menschlichen Freiheit bildet. Die menschliche Freiheit kann von der göttlichen nicht gebrochen und nicht ausgeschaltet, wohl aber gleichsam überlistet werden. Das Herabsteigen der Gnade zur menschlichen Seele ist freie Tat der göttlichen Liebe. Und für ihre Ausbreitung gibt es *keine*

Grenzen. Welche Wege sie für ihre Wirksamkeit wählt, warum sie um die eine Seele wirbt und die andere um sich werben läßt, ob und wie und wann sie auch da tätig ist, wo unsere Augen keine Wirkungen bemerken, das alles sind Fragen, die sich der rationalen Durchdringung entziehen. Es gibt für uns nur eine Erkenntnis der prinzipiellen Möglichkeiten und auf Grund der prinzipiellen Möglichkeiten ein Verständnis der Fakten, die uns zugänglich sind.»[55]

[55] Edith Stein, Welt und Person. Beitrag zum christlichen Wahrheitsstreben, hrg. von L. Gelber und Romaeus Leuven OCD (Freiburg 1962) 158ff. Georg Bätzing verdanke ich den Hinweis auf diesen Passus.

Apokatastasis

I. Das Wortfeld

Das Wort *apokatastasis* begegnet nur einmal in der Bibel, Apg 3,21, in der Tempelpredigt des Petrus, der den Juden erklärt, «Gott werde ihnen, wenn sie Buße tun, den ihnen ‹vorherbestimmten Messias Jesus› senden, den der Himmel aufnehmen muß bis zu den Zeiten der *apokatastasis panton*, wovon Gott geredet hat durch seine heiligen Propheten von jeher». Zwei Übersetzungen sind möglich: «bis zur Zeit der Wiederherstellung des Alls, wovon Gott geredet hat» oder «bis zur Herstellung alles dessen, was Gott durch seine Propheten geredet hat».[1]

Die erste Übersetzung stimmt mit der Grundbedeutung des Wortes überein, das «Wiederherstellung» besagt. Im profanen Griechisch wird es gebraucht 1. medizinisch: Wiederherstellung der Gesundheit, 2. juridisch: Wiederablieferung von Geiseln in ihre Vaterstädte, 3. politisch: Wiederbegründung der alten Staatsordnung, 4. astronomisch: Wiedererreichung der gleichen Planetenposition, was der Vollendung eines «großen Jahres» gleichkommt, und von da aus 5. philosophisch-kosmologisch: Wiederkehr einer Weltperiode, was vor allem von der Stoa ausge-

[1] A. Oepke, Art. apokatastasis, ThWNT I 390.

bildet wurde: bei der wiedererreichten identischen Planetenposition erfolgt der Weltbrand und die Neubildung der Welt, deren Zyklus identisch von vorn beginnt («Wiederkehr des gleichen»). Merken wir an, daß bei Jamblich beim Weltbrand «nicht das geringste Böse zurückbleibt», «alles ist dann vernünftig und weise». Im Neuplatonismus geht alles, auch die Seele, aus dem göttlich Einen hervor, bis zum Punkt, wo die Umkehr und der Wiederaufstieg zu Gott beginnt.[2] In dieser Grundbedeutung des Wortes herrscht eindeutig eine *zyklische* Vorstellung: das Ziel ist die Wiedererreichung des Anfangs: Origenes drückt diese Sicht in dem Grundsatz aus: «semper similis est finis initiis»[3].

Aber die zweite Übersetzung der Stelle in der Apostelgeschichte empfiehlt sich mehr, da sie den Zusammenhang der Rede besser herausstellt: «Gott hatte das, was er vorher durch den Mund aller seiner Propheten verkündet hatte, daß nämlich sein Gesalbter leiden müsse, auf solche Weise erfüllt» (18), deshalb soll man Buße tun (19), «auf daß Zeiten der Erquickung vom Angesicht des Herrn herkommen, und er euch den vorherbestimmten Messias sende (20), den der Himmel

[2] Einzelbelege bei Chr. Lenz, Art. Apokatastasis, RAC I 510-516.
[3] Peri Archon I 6, 2.

aufnehmen muß bis zu den Zeiten der Herstellung alles dessen, wovon Gott durch den Mund seiner heiligen Propheten von Uranfang her geredet hat» (21), woraufhin zuerst die große Ankündigung des Messias durch Mose angeführt wird (22-23), dann von allen Propheten seit Samuel (24), schließlich vom Abrahamsbund die Rede ist (25). Hier scheint demnach eine *lineare* Vorstellung vorzuherrschen: die zeitliche Linie von urher zu Abraham, Mose, Samuel und allen Propheten auf Jesus zu, mit welchem die sichere Erwartung des abschließenden messianischen Reiches, der «Zeiten der Erquickung» und der Erfüllung alles Verheißenen gegeben ist.

Aber wenn wir näher zusehen, kann diese linear-geschichtliche Deutung von der ersten, zyklischen nicht reinlich getrennt werden. Das Tatwort *apokathistemi*, im Alten und Neuen Bund vorhanden, verweist auf eine «Wiederherstellung» Israels in seinen Besitz, und dies zumal seit der Verbannung mit steigend messianischer Ausrichtung und unter der Vorbedingung einer Bekehrung des Volkes. Hier wird die Gestalt des Elija bedeutend, der diese Wiederherstellung vorzubereiten und einzuleiten hat (Maleachi 3,24; Sir 48,10, wo von der Versöhnung der Väter und Söhne, vor allem aber von der Wiederherstellung des Zwölfstämmevolkes die Rede ist), und Jesus wird diese Gestalt auf

Johannes den Täufer auslegen (Mt 11,14)[4]. Die zyklische Bedeutung klingt auch durch in der Frage der Jünger an den Auferstandenen: «Und wann wirst du das Reich Israel wiederaufrichten, *apokathistaneis?*» (Apg 1,6).

Überblicken wir die Geschichtstheologie der Bibel im ganzen, so wird man feststellen, daß es zwar eine innerzeitlich lineare Erstreckung vom Schöpfungsbericht zum Noah- und Abrahamsbund zu Mose, David und den Propheten, zu Jesus, zur Kirchenzeit und apokalyptischen Endzeit gibt, nach Oscar Cullmann («Christus und die Zeit» 1946)[5] der entscheidend biblische Zeitbegriff, im Gegensatz zum zyklischen des nichtchristlichen Weltverständnisses, daß aber das lineare Schema auf vielfache Weise und steigend von einer Reflexion auf Wiederkehr, Wiederherstellung, Einholung des Ursprungs überlagert und durchformt wird. Alttestamentlich, wie gezeigt, in der steigenden Erwartung einer sowohl politischen wie sittlichen Herstellung der ursprünglichen Integrität und Reinheit des Bundes[6]

[4] Ausführliche Darstellung der dem Elija zugeschriebenen Rolle (Herstellung der Apokatastasis, Hoherpriester der Endzeit, Nothelfer [vgl. Mt 27,47.49], vielleicht sogar ein Sühneleiden) bei J. Jeremias. Art. El(e)jas, ThWNT II 930-943.
[5] Zur Kritik: W. Kreck, Die Zukunft des Gekommenen (München ^{2}1966) 25-39, 209-213.
[6] E.L. Dietrich, *Šûb šebût*. Die letzte Wiederherstellung bei den Propheten (Gießen 1925)

und dies, wie Heinrich Groß gezeigt hat, im Zusammenhang mit der altorientalischen Hoffnung, in der Erwartung auch eines ewigen und allgemeinen Weltfriedens[7]. Und je weiter die theologische Reflexion über das Christusereignis fortschreitet, um so mehr wird die Linie Verheißung-Erfüllung durch ein zyklisches Moment gleichsam umfaßt. Die Bewegung des johanneischen Jesus ist ein reiner Kreis: «Ich bin vom Vater ausgegangen und in die Welt gekommen, nun verlasse ich die Welt wieder und gehe zum Vater» (Joh 16,28). Und je mehr der Ausgang vom Vater zeitlos-ewig verstanden wird und je mehr der ewige Weltplan Gottes die zu schaffende Menschheit gnadenhaft in diese ewige Geburt aus Gott einbezieht (Eph 1,4-6), um so mehr entspricht diesem Alpha im Plan Gottes das Omega seiner totalen Realisierung. Und dies nicht scotistisch in einer bloßen Idealität, sondern durchaus mit dem Durchgang durch die Welterlösung im Sühneblut Christi (Eph 1,7; Kol 1,20; Hebr 9,11-14). «Ausersehen» ist das blutende, makellose Lamm «schon vor der Erschaffung der Welt, erschienen aber erst am Ende der Zeiten» (1 Petr 1,19-20). Völlig geschlossen ist der Kreislauf in Röm 8,30: Vorausbestimmung-Berufung-

[7] Die Idee des ewigen und allgemeinen Weltfriedens im alten Orient und im Alten Testament (Trier 1956).

Rechtfertigung-Verherrlichung, wobei man keinesfalls an eine doppelte Prädestination denken darf.

Blicken wir nun kurz auf die Patristik, um das in ihr geltende Verhältnis zwischen zyklischem und linearem Verständnis der Apokatastasis zu umreißen.

Rein zyklisch sind die Systeme der Gnosis: am Anfang die Totalität alles Seienden beisammen in der Fülle Gottes, dann Herausfall der Welt, wobei die Materie entsteht, dann Erscheinung des Erlösers, der das Abgesunkene in die göttliche Fülle zurückführt. Freilich bezeichnenderweise mit der Abstufung: die Geistmenschen und wahren Gnostiker kehren in die höchste Region zurück, die Hyliker, das heißt am Materiellen Hängenden und der Demiurg, der Schöpfer der Materie, nur in eine untergeordnete Sphäre. Logisch wird das Band zwischen dem angeblich materiell denkenden Alten Testament und dem Neuen zerrissen (Markion), d.h. die geschichtlich-lineare Folge geleugnet.

Demgegenüber die heftige Reaktion des hl. Irenäus: das Fleisch ist gottgeschaffen und gut, der Alte Bund ist die Vorgeschichte der Fleischwerdung des Logos im Neuen. Die lineare Folge dominiert eindeutig, obschon die Heilsgeschichte als Rekapitulation verstanden wird, aber es ist der in Adam und Eva mißlungene Anfang, der in

Christus und in Maria «wiedereingeholt» wird. Der eben geschaffene Mensch ist halt noch unfähig, das ganze Gloriengewicht der Liebe Gottes zu tragen, er muß die «Erfahrung» (*peira*) des Bösen machen, um endlich reif zu sein, ein Dasein im Fleisch in der Nachfolge Christi zu führen und durch Eucharistie und Auferstehung zur Vollendung zu gelangen. Merken wir an, daß in dieser linearen Sicht die Sünde als Erziehungsmittel verstanden werden kann. Aber Irenäus spricht doch auch von einer Zusammenfassung (*anakephalaiōsis)* alles Bösen am Ende der Weltzeit im Antichrist, damit «alle Macht des Bösen zusammengefaßt in den Feuersee» geworfen werden kann (Adv. Haer. V 29,2).

Von hier taucht nun, zumal wenn man in Alexandrien versucht, das Christliche im zyklischen Weltbild der Gnosis für eine echt neutestamentliche Theologie wiederzugewinnen, bei Clemens also und bei Origenes die Frage auf, was bei der Rückkehr der Welt zu Gott aus dem Bösen wird, das, weil es im Alpha abwesend war, im Omega nicht zulässig erscheint. Sie hat die Väter bis auf Augustin stark beschäftigt, wir werden uns ihr im zweiten Teil dieser Studie zuwenden. Fragen wir aber zuerst noch, wie das alttestamentliche zyklische Schema, das das alttestamentliche und irenäische lineare in sich einbringt, theologisch-spekulativ bewältigt werden konnte.

Schematisiert zeichnen sich drei Lösungsversuche ab. Der erste ist der origenische, der, ohne den Schöpfungsgedanken aufzugeben, sich das platonisch-gnostische Schema aneignet. Origenes spricht ausdrücklich nur tastend, versuchsweise (*gymnastikōs*), seine Ansätze dürfen nicht vergröbert werden. Der Mensch ist zunächst bei Gott geschaffen, nicht leiblos (wie meist gesagt wird), sondern mit einem feinen, geisthaften Leib[8], als *Bild* Gottes, das sich durch Freiheit auf die *Ähnlichkeit* zu entwickeln sollte[9], einstweilen noch ungeschlechtlich – wenn es heißt «als Mann und Frau schuf er sie und segnete sie: wachst und vermehrt euch», so im Vorblick auf das Spätere (*praeveniens quod futurum erat*)[10]. Erst als der Mensch sich von Gott abwandte und sich dem Materiellen zuwandte, verdichtete sich sein Leib, und die tierisch-geschlechtliche Vermehrung begann. Einer der Engelsfürsten war vor ihm gefallen und wurde zur verführenden Schlange. Die Bestimmung der Menschheit aber ist es – so sagt Origenes als erster, nicht Augustinus und nicht Bernhard –, durch das Erlösungswerk des Logos bei der Auferstehung befähigt, im Reich Gottes den Platz der gefallenen Engel einzunehmen[11].

[8] Peri Archon I 6.4; III 6,9.
[9] Ebd. III 6,1; De Orat. 27,2; C. Cels. 4,30; Ez. hom. 13,2.
[10] Gen. hom. 1,14.
[11] Ez. hom. 13,2.

Also eine Apokatastasis im vorwiegend zyklischen Verständnis: vertikales Absinken von Gott und Wiederaufsteigen zu ihm[12]. Mit der Rückwendung der groben Stofflichkeit in den vergeistigten Auferstehungsleib verschwindet auch alles Böse.

Das zweite Schema, das Gregor von Nyssa entwirft, unterscheidet sich nur wenig davon. Aber er läßt die Unterscheidung zwischen den zwei Formen von Materialität fallen, die Stammeltern haben im Paradies grundsätzlich schon den gleichen Leib wie wir. Doch auch für Gregor beginnt die tierische Art der Fortpflanzung erst nach der Vertreibung aus Eden, doch hat Gott ihnen, in Voraussicht des Sündenfalls, die Geschlechtsmerkmale von vornherein mitgegeben, die jedoch (wie bei Origenes) in der paradiesischen, uns unbekannten Weise der Vermehrung nicht gebraucht worden wären[13]. Das aus den Lenden Adams auszuzeugende Menschengeschlecht ist zeitlich und deshalb begrenzt, es ist durch die Auferstehung zur Rückkehr in den paradiesischen Zustand bestimmt. Wir stehen hier vor einer seltsamen Vermischung zyklischer und linearer Apokatastasis: als wäre Irenäus in Origenes

[12] Die exakte Darstellung bei G. Bürke, Des Origenes Lehre vom Urstand, in: ZkathTh 72 (1950) 1-39.
[13] De hominis opificio c22.

eingebaut, doch geht die Rechnung nicht sauber auf, weil die Auferstandenen der leiblichen Geschlechtsmerkmale nicht mehr bedürfen[14]. Man kann schon erraten, wie Gregor die Frage vom Verschwinden des Bösen lösen wird: wie die ganze materielle geschichtliche Entwicklung endlich ist, so ist es auch das Böse im Gegensatz zur Unendlichkeit des Guten.

Ein drittes Schema, das die Gefahren des Origenismus überwinden und zugleich seine genialen Intuitionen beibehalten will, findet sich bei Maximus Confessor. Auch er denkt ausgesprochen zyklisch, aber das Alpha, von dem er ausgeht, ist nicht ein vorgeburtlicher Zustand des Menschen bei Gott (den lehnt er strikt ab), sondern die Idee, die Gott von jedem Wesen, somit auch von jedem zu schaffenden Menschen hat. Ein paradiesischer Zustand fällt praktisch aus, da der Mensch, sobald geschaffen, von Gott abfällt. So haben wir eine irenäische lineare Weltgeschichte, aber Christus der Gottmensch, zeigt uns die ursprüngliche Idee und verleiht sie uns in der Gott-

[14] Näheres in meinem «Présence et Pensée. Essai sur la philosophie réligieuse de Grégoire de Nysse» (Beauchesne 1942) 29-60. Gregor ist sich des Paradoxes seines Unternehmens bewußt: «Selbst was im Menschen als ein widersprüchlicher Zustand erscheint..., muß in eine geordnete notwendige Folge gebracht werden, sowohl aufgrund der Lehre der Schrift wie vernünftiger Schlüsse», De hominis opificio, prooemium.

geburt aus Wasser und Geist, so daß der Weg der Vollkommenheit nunmehr das Erstreben unserer in Gott vorhandenen Idee ist, «der Aufstieg (*anodos*) und die Wiederherstellung (*apokatastasis*)» geht «auf den Gottgedanken (*logos*), nach dem wir geschaffen wurden»[15]. Somit geht es hier um eine durch Christus vermittelte Vergottung des Menschen, die, wie Maximus sagt, im gleichen Maße statthat, als Gott sich vermenschlicht[16].

Es wäre verlockend, die Geschichte dieser drei Schemata weiterzuverfolgen. Vom letzten würden wir über Scotus Eriugena zu Eckhart gelangen, für den die wahre Wirklichkeit des Menschen identisch ist mit der göttlichen Idee (die wesenhaft Gott ist), und weiter bis zum Christomonismus von Blondel und Teilhard de Chardin. Aber die Hauptfrage, die nunmehr im zweiten Teil zu behandeln sein wird, ist drängend.

[15] Ambiguorum liber 7 (PG 91, 1080 C)
[16] Ebd. 1084 C

II. Die möglichen Haltungen

Das Neue Testament enthält Aussagen, die den doppelten Ausgang alttestamentlicher Gerichtsvollzüge noch verschärfen: es geht nicht nur um Verwerfung, Vertilgung der Feinde und Frevler, sondern ausdrücklich um «das ewige Feuer, das dem Teufel und seinem Anhang bereitet ist» (Mt 25,41), um die Sünde wider den Geist, die «weder in dieser noch in der künftigen Welt vergeben wird» (Mt 12,32), um ein endgültiges «Ich kenne euch nicht» (Mt 25,12), ja «Ich habe euch nie gekannt» (Mt 7,23).

Neben diesen und anderen Worten, die «unzweideutig von dem doppelten Ausgang, von Rettung und Verwerfung» reden, stehen die ebenso zahlreichen Aussagen, welche vom Übergewicht der Gnade über die Sünde (Röm 5,17), vom Erbarmen über alle, Heiden, Juden und Christen (Röm 11,32), von der Zusammenfassung, *anakephalaiōsis*, aller in Christus (Eph 1,10) handeln.

Unsere Aufgabe soll hier nicht in dem Versuch bestehen, die biblisch nicht versöhnbaren Stellen spekulativ in ein System zu zwingen, sondern die Haltungen zu beschreiben, die in der Geschichte der Theologie und der Reflexion über den neutestamentlichen Tatbestand eingenommen worden sind. Keiner dieser Versuche ging leichtfertig vor, allen, auch den für uns nicht nachvollziehbaren, spürt man die Ehrfurcht vor dem Mysterium an. Alle aber müssen sich dem Begriff einer primär zyklisch verstandenen Apokatastasis stellen, doch ohne sich überlegen oder gleichgültig von dem fürchterlichen Gedanken abzuwenden, Brüder und Schwestern Christi, die der Vater für ihn erschuf und für die er sühnend gestorben ist, könnten, statt ihr vorgezeichnetes Ziel in Gott zu erreichen, ewig verlorengehen und damit nicht bloß endlosen Qualen verfallen, sondern geradezu Gottes universalen Heilsplan zum Scheitern bringen. Jeder ernsthaft Glaubende, der auf das Wort der Schrift hört, muß sich unbewehrt dieser äußersten Drohung stellen, auch wenn er sich nicht im geringsten damit befreunden kann. Er darf den Blick davon nicht abwenden, er darf sich weder für sich selbst, noch für irgendeinen Mitmenschen, mit dem er in Christus solidarisch ist, leichthin über diese Drohung hinwegsetzen.

1. Die ersten Jahrhunderte liefern den Ansatz für eine erste Entscheidung. Gottes Ziel muß über alle sich bäumenden Widerstände hinweg erreicht werden. Neben Clemens, Origenes, Gregor von Nazianz, Gregor von Nyssa, Evagrius Ponticus stehen dazu die Antiochener Diodor von Tharsis, Theodor von Mopsvestia, die Syrer Bar Sudaile

und Isaak von Ninive[16a], meiner Ansicht nach Maximus Confessor, und sicher Scotus Eriugena. Von Späteren bis heute sehen wir ab. Diese erste Haltung versteht man am besten von den Johannesworten her: «Darin vollendet sich die Liebe bei uns, daß wir Zuversicht haben für den Tag des Gerichts... Furcht verträgt sich nicht mit Liebe, vollkommene Liebe treibt die Furcht aus, denn die Furcht starrt auf die Gerichtsstrafe, wer aber Angst hat, ist nicht vollendet in der Liebe» (1 Joh 4,17-18). Hier genau situiert sich die Unterscheidung Clemens' von Alexandrien, zwischen dem *gnostikos* als dem in der Gottesliebe Vollendeten und den noch Unvollkommenen. Origenes nennt sie die *haplousteroi*, die weder sittlich noch geistlich Gefestigten. Der Gnostikos weiß nach Clemens, daß «durch den Herrn alle Dinge im allgemeinen wie im besonderen auf die Rettung der Gesamtheit hin eingerichtet sind», während «die noch Verhärteten zur Buße gezwungen werden durch die notwendigen Züchtigungen ... Vom andern aber will ich schweigen»[17]. Dieses Schweigen hat Origenes in seinem Jugendwerk nicht gehalten, wohl aber gesagt, er spreche über den Gegenstand nur ver-

[16a] Vgl. dessen Abhandlung über die Gehenna (Oxf. Bodl. syr. e 7).
[17] Stromata VII 12,2 bis 13,1 (BDK Clemens Bd. V 18-19).

suchsweise (*gymnastikōs*); in späteren Werken behandelt er die Lehre von der geschlossenen Apokatastasis nur in Andeutungen, da sie für die öffentliche Predigt vor Ungefestigten nicht geeignet sei[18]. Seine Haltung ist weniger vom «mystischen Verschweigen» höherer Wahrheiten bei den griechischen Philosophen herzuleiten (O. Casel)[19], als von dem Wort des in den dritten Himmel entrückten Paulus, der «unsägliche Worte vernimmt, die ein Mensch nicht aussprechen *darf*» oder *kann*. Beide Übersetzungen von «*ouk exon*» sind möglich; das Problem wird später wichtig werden, wenn Dionysius Areopagita so stark auf der Unmöglichkeit beharren wird, Göttliches in menschlichen Begriffen auszusagen. Aber bei den Alexandrinern und den Kappadoziern überwiegt sicherlich zunächst das Nicht-*Dürfen*[20]. Origenes

[18] E.R.Redepenning, Origenes (1841) I 339f.; II 244
[19] O. Casel, De philosophorum graecorum silentio mystico (Gießen 1919). Dieses Schweigen wird von Casel ausdrücklich als Vorstufe zum christlichen Verschweigen der Mysterien betrachtet (vgl. Vorwort). Für die Väter bedeutsam konnte die Aussage Philos gewesen sein (ebd. 72-86). Sein Grundgedanke ist nach Casel, daß die göttliche Wahrheit keiner äußeren, künstlichen Verhüllung bedarf, «sondern sich selbst gegenüber den Augen der Profanen verteidigt und ihre Schönheit nur den Würdigen zu genießen gibt» (ebd. 83). Daß bei Clemens das Schweigen ein Zitat aus Aischylos' Agamemnon 36 wäre (der Wächter begrüßt die Heimkehr des Königs, will aber über die Zustände in seinem Haus schweigen), scheint wenig wahrscheinlich.
[20] Entsprechend zu Mt 12,4; Apg 2,29. Vgl. 1 Kor 6,12: «Alles ist mir erlaubt, aber nicht alles frommt.»

sagt, er könne den Allzumenschlichen die unaussprechlichen Worte nicht anvertrauen, ihnen nicht auf Papier mit Tinte antworten, denn auch Paulus «vertraute vermutlich solches nur denen an, die nicht nach rein menschlicher Art wandeln, einem Timotheus, einem Lukas»[21]. Timotheus konnte dann an der gleichen Quelle schöpfen gehen wie Paulus[22]. Man würde sich aber gründlich täuschen, wenn man Origenes dahin verstehen wollte, daß die Vollkommenen wissen dürfen, alles werde gut ausgehen, die gewöhnlichen Christen dagegen die Furcht vor der Hölle zu bewahren hätten. Man muß hier beachten, daß schon für die Apologeten Gott allein unsterblich und restlos überzeitlich ist, daß man in Gnaden an ihm teilhaben muß, um es ebenfalls zu werden; daß somit, wenn Origenes von «äonischen Strafen» redet, diese nach sehr langen Äonen ein Ende haben können, da sie nicht göttlich sind. Das Schweigen über die Apokatastasis hat bei ihm eine andere Ursache, die uns zur zweiten Haltung ihr gegenüber weiterführt.

2. Die zweite, ebenfalls von Origenes vertretene Haltung, von Henri de Lubac ins Licht ge-

[21] In Jos. hom. 23,4 (VII 447,3)
[22] Fragm. zu 1 Kor 11 (JTS IX (1907-1908) 440: H. Crouzel, Origène et la Connaissance mystique (DDB 1959) 116.

stellt[23], geht von 1 Kor 2,9 aus: Wenn es in kein Menschenherz gedrungen ist, was Gott denen bereitet hat, die ihn lieben, muß man dann nicht dasselbe von den im Jenseits zu erwartenden Strafen sagen? Und wenn nach 1 Kor 3,12-15 alle durch Feuer hindurch zu Gott gelangen müssen, und alles, was an ihnen «Holz, Heu und Stroh» ist, verbrennen muß, damit sie selbst durch diesen Brand hindurch «gerettet werden»: wer kann die Furchtbarkeit dieses «Ordals» ermessen? «Das Geheimnis dieser Stelle muß verborgen bleiben, damit die Menge nicht den Mut verliert... Oder wo fände man einen Paulus, der sagen dürfte: ‹Es ist besser aufgelöst zu werden und bei Christus zu sein›? Ich wenigstens vermag nicht so zu reden, denn ich weiß: wenn ich sterbe, muß mein Holz in mir verbrannt werden. Ich habe das Holz der bösen Worte, das Holz der Unmäßigkeit, das Holz der Unredlichkeit und unzählige andere Hölzer für meinen Bau verwendet. Du siehst, daß dies alles der Menge der Gläubigen verborgen

[23] «Du hast mich betrogen, Herr» (Johannes Verlag Einsiedeln, Freiburg 1984) Vgl. zum folgenden meine zwei Schriften: Was dürfen wir hoffen? (Johannes Verlag Einsiedeln, Trier ^{2}1989) und: Kleiner Diskurs über die Hölle (s. S. 9-70) Fügen wir noch einen Text von Kardinal Jean Daniélou bei: «Dieu ne mettra personne en enfer, mais certains s'y précipiterons d'eux-mêmes, plutôt que de devoir quelque chose à Dieu» (Bulletin des Amis du Card. Daniélou 14, avril 1988, 49).

bleibt, und es ist gut so, und jeder von uns meint, daß er keinen Götzendienst und keine Unzucht getrieben – wären wir wenigstens davon rein! –, bei seinem Scheiden aus diesem Leben schon gerettet ist»[24]. Origenes besteht darauf, daß uns der Anfang und das Ende der Dinge verborgen bleiben, wir nur eine gewisse Mitte kennen[25]. Das uns erwartende Feuer nennt Origenes nach Clemens ein «verständiges», geistiges, es ist nach dem Wort des Täufers, der im Wasser tauft, die Taufe in Geist und Feuer. Den Geist haben wir an Pfingsten erhalten, aber das Feuer erwartet uns nach dem Tod, der Herr wird «in einem Feuerstrom stehen und mit ihm das Flammenschwert», an dem man nicht vorbei ins Paradies zurückkommt[26]. Da keine Seele ganz rein ist und «alle der Reinigung bedürfen», einer Reinigung, die «geheimnisvoll und unaussprechlich» ist[27], kann

[24] In Jer. hom. XX (19) 3; vgl. Gespräch mit Herakleides (ed. Scherer SC 142) 3-16.
[25] In Is. hom. 4,1.
[26] In Luc. hom. 24 (IX 158). Zwei Homilien weiter kommt Origenes auf das Thema zurück: Taufe in Geist und Feuer wird gedeutet auf Gott, der ein Geist, aber auch ein verzehrendes Feuer ist: In Luc. hom. 26 (IX 164). Das «verständige Feuer» erwähnt Clemens Strom. VII 34,4; Paed. III 44, 2; Origenes verwendet den Begriff auch in De Orat. 29,15; Minutius Felix im Octavius («sapiens ignis»). Vgl. H.J. Horn, Ignis aeternus: une interprétation morale du feu éternel chez Origène, in: REG 82 (1969) 76-88.
[27] In Num.hom. 25,6; vgl. In Ex.hom. 6,4.

Jos. A. Fischer zu Recht sagen: der einfache Gläubige «trägt an seiner Unwissenheit leichter als Origenes an seinem Wissen»[28]. So kann es im Contra Celsum heißen: «Was man über die Frage sagen könnte, kann nicht vor allen ausgebreitet werden und gehört nicht hierher. Es ist sogar gefährlich, derlei niederzuschreiben; die meisten brauchen bloß zu wissen, daß die Sünder bestraft werden. Darüber hinaus zu gehen ist für solche nicht nützlich, die kaum durch die Furcht vor äonischen Strafen eine Zeitlang vom Bösen und den daraus entstehenden Sünden zurückzuhalten sind»[29]. So hält der Chirurg, wenn es zum Schnitt kommt, sein Messer vor dem Patienten verborgen[30]. Aber gereinigt, gebrannt muß werden, «oder willst du mit deinem Holz, Heu und Stroh ins Heiligtum eintreten, um das Reich Gottes zu beschmutzen?» Erinnere dich, «daß unser Gott ein verzehrendes Feuer genannt wird»; er verzehrt nicht, «was nach seinem Bild und Gleichnis geschaffen wurde, nicht sein eigenes Schöpfungswerk, sondern was wir an Verkehrtem darüber aufgebaut haben»[31].

[28] Studien zum Todesgedanken in der alten Kirche (München 1954) 301.
[29] C. Cels. VI 26 (SC Bd. III 242-244).
[30] In Jer. hom. XX (19) 3. Angesichts der Eschatologie von Origenes ist es sinnlos, zwischen Fegfeuer und eschatologischem Gerichtsfeuer zu unterscheiden.
[31] In Jer. hom. XVI 5.

3. Während Origenes seine Ansicht mit großer Zurückhaltung vorträgt und zum Beispiel sich auch in seinem aus Athen an seine Freunde in Alexandrien geschriebenen Brief[32] heftig dagegen wehrt, einfach die Rettung des Teufels gelehrt zu haben («selbst ein Verrückter könnte das nicht sagen»), sucht Gregor von Nyssa philosophisch-theologische Beweise dafür beizubringen, daß die Höllenstrafen nicht gleich ewig sein können wie Gott. Sein Hauptargument ist das der seinshaften Überlegenheit des Guten über das Böse, das wesenhaft innerlich begrenzt sein muß. Der Sünder erreicht eine Grenze, wo alles Böse getan ist und wo er nicht weiter kann, so wie die Nacht, wenn sie ihren Höhepunkt erreicht hat, sich zum Tag wendet[33]. Der Gedanke wird ergänzt durch den anderen, daß der Arzt einen Abszeß reifen läßt, bis er operiert werden kann, so daß auch die Menschwerdung erst dann eintrat, als das Böse auf seinen Höhepunkt gelangt war[34]. Gregors Lehre (die nie verurteilt worden ist) versteht man, wenn man zweierlei bedenkt: einmal den starken Einfluß Plotins, für den jeder Ausgang aus einem

[32] Einzelheiten bei H. Crouzel, Origène (Lethielleux, Paris 1985) 38ff., 331ff.

[33] Or. in Nativ. (PG 44,1129 CD; 1132 A).

[34] Alle einschlägigen Texte bei J. Daniélou, l'Être et le Temps chez Grégoire de Nysse (Brill, Leyden 1970), in den Kapiteln «Comble» und «Apocatastase» 186-226.

Göttlich-Einen notwendig eine Grenze erreicht, wo eine ontische und sittliche Umkehr (*epistrophē*) erfolgt und die Sehnsucht nach dem Einen den Wiederaufstieg bestimmt, sodann die typisch nyssenische Anschauung, daß die ewige Seligkeit in einer unendlichen Bewegung in Gott hinein besteht, weil Gottes Wesen uneinholbar ist.

Nach der Verurteilung des Origenismus durch Kaiser Justinian mußte Maximus seine Apokatastasislehre vorsichtig formulieren; er unternahm deshalb auch den Versuch, Gregor von Nyssa durch eine Distinktion zu retten. Daß dieser primär zyklisch dachte wie alle Kappadozier[35], bedingt die schließliche Rückkehr auch der Bösen zu Gott, aber, läßt Maximus den Nyssener sagen, nur zur Einsicht Gottes, nicht zum Genuß der Güter (das heißt der ewigen Seligkeit)[36]. Maximus

[35] I. Escribano-Alberca, Zum zyklischen Zeitbegriff der alexandrinischen und kappadokischen Theologie, in: Stud. patr. (=TU) 108, Berlin 1972, 42-51.

[36] Der ganze Text lautet: «Das dritte Verständnis (von Apokatastasis) braucht Gregor vor allem da, wo die seelischen Kräfte, die der Sünde erlegen waren, in ihren ursprünglichen Zustand wiederhergestellt werden. Denn notwendig müssen, wie die ganze Natur zur erhofften Zeit die Unversehrtheit im Fleisch (bei der Auferstehung) zurückgewinnt, auch die Kräfte der Seele nach Ablauf von Äonen die Eindrücke der ihr anhaftenden Bosheit verlieren, nach einem Umgetriebenwerden durch lange Zeiten, wo sie keine Ruhe (*stásis*) finden, schließlich zu Gott gelangen, der keinerlei Begrenztheit besitzt (*péras*); und so erhalten sie (zwar) durch Erkenntnis (Gottes), aber nicht durch Teilnahme an (seinen) Gütern ihren ersten Zustand zurück

selbst dürfte, ähnlich wie Origenes, die Lehre von der *apokatastasis panton* den in der Liebe Vollkommenen aufgespart haben, die üblich gewordene Lehre von der Hölle verkündet er als aszetische Warnung. Universalistische Wendungen wie in Röm 5 sind häufig.

(*apokatastēnai*), und es zeigt sich, daß der Schöpfer keinerlei Schuld an der Sünde trägt.» Maximus, Quaestiones et Dubia 13 (PG 90,796AC). Es ist nicht notwendig, *katekechrētai* mit «mißbrauchen» zu übersetzen, Maximus würde Gregor nie eines Mißbrauchs verdächtigen. B.D. Daley SJ stellt diese Übersetzung in Frage (gegen Sherwood und Grumel, beide beste Kenner von Maximus) in: Apokatastasis and ‹honorable silence› in the eschatology of Maximus the Confessor (in: Maximus Confessor, Actes du Symposium etc. ed. Heinzer/Schönborn, Fribourg 1982) 309-339, hier 323 Anm. 63 - meiner Meinung nach zu Unrecht. E. Michaud, Maxime le Confesseur et l'apocatastase (Rev. int. Théol. 10, 1902, 257-272) hatte als erster behauptet, Maximus hätte die Allversöhnung gelehrt. Die Stellen, an denen er vor der Hölle warnt, seien mehr ermahnend als theologisch. V. Grumel war ihm (in: DTC 10,2, 1928, 457) darin gefolgt; M. Villier (RAM 11, 1930, 259f.) hatte den Gedanken abgelehnt, aufgrund der antiorigenistischen Polemik des Bekenners. Ich meinte (in: Kosmische Liturgie 1961) Michauds Meinung festhalten zu dürfen, da Maximus mindestens an drei Stellen, die unbeachtet geblieben waren, die Allversöhnung als eine Vollkommenen vorbehaltene Lehre verteidige, an zwei der drei Stellen ist der Verweis auf Origenes Deutung der zwei Paradiesesbäume klar (PG 90, 257c-260A; 412A-413B) – daß nämlich am Kreuz sowohl der Gottessohn wie auch der Teufel und sein Anhang umkommen –, die dritte Stelle über Kol 2,15 (Überwindung der bösen Geister am Kreuz) fügt bei, Maximus könnte «eine andere, geheimere und höhere Deutung der Stelle geben», unterließe es aber, «weil man, wie du weißt, in Büchern nicht die verborgenere göttliche Wahrheit ausbreiten soll, muß das Gesagte genügen ...

Man könnte, um Gregors Grundintuition nochmals zu formulieren, an die wiederholte Bemerkung Karl Rahners denken, daß die Möglichkeit der Selbstverweigerung[37] des Geschöpfs Gott gegenüber «nie als existential-ontologisch *gleichmächtige* Möglichkeit der Freiheit neben der des Ja zu Gott aufgefaßt werden» darf, «weil das Nein immer nur vom Ja her verständlich wird»[38].

Wenn es aber Gott gefällt, es unseren Blicken zu enthüllen, werden wir es mit der Einsicht des Apostels zusammen genauer erforschen» (PG 90, 316D). Hier geht es nicht, wie P. Daley meint, um die areopagitische negative Theologie (das Nicht-sagen-Können), sondern offensichtlich um ein Nicht-sagen-*Sollen*, nicht «out of simple modesty» (Daley 318), und die (bei Maximus häufige) zitatlose Anspielung auf Origenes (vgl. unsere Studie über die Gnostischen Centurien, l.c. 488-643) ist keineswegs «more than a little far-fetched» (Daley 320). Daley bringt übrigens noch zwei klare universalistische Texte bei (321-322), abgesehen von den mehr biblisch gefärbten analogen Stellen (328). Gewiß ist Maximus beflissen, die am Ende Erlösten (*sozoménōus*) als die dessen Würdigen (*axíous*) zu bezeichnen und an vielen Stellen (Daley 334) von der ewigen Strafe zu reden. Anders konnte nach Justinian und dem 11. Konzil von Konstantinopel nicht gesprochen werden. Blickt man aber auf Scotus Eriugena voraus, der die Apokatastasis ebenso offen lehrt wie Gregor von Nyssa, so bildet sein Gewährsmann Maximus das ihn mit den Kappadoziern verbindende Glied.

[37] Daley, l.c. 328. Gregor kennt auch den irenäischen Gedanken, daß der Mensch, durch «Erfahrung» des Bösen belehrt, sich dem Guten zuwendet (De hominis opificio 21; PG 44,201BC).

[38] Grundkurs (Herder 1976) 109.

4. Es gibt aber noch eine andere Haltung der Apokatastasislehre gegenüber, die man von des Origenes' Aussage her verstehen lernt: der mystische Leib Christi werde erst dann die vollendete Glückseligkeit erlangt haben, wenn er, der letzte und schlimmste Sünder, sich bekehrt habe[39]. Von diesem «Ich, der letzte» geht der Gedanke über zur existentiellen Betroffenheit: gerade mich geht die Drohung eines möglichen Verlorengehens an. «Der heilige Antonius der Große betete in seiner Zelle (so wird in den Viten der Wüstenväter erzählt), als eine Stimme ihm zukam: ‹Antonius, du hast noch nicht das Maß eines Goldschmieds in Alexandrien erreicht.› Am frühen Morgen machte der Alte sich auf, seinen Palmenstab in der Hand, er trat bei dem Manne ein, der ob seines Anblicks verwirrt wurde. Antonius fragte ihn: ‹Erzähl mir, was du leistest.› Jener erwiderte: ‹Ich sehe nicht, was ich Gutes getan hätte. Ach ja, morgens aus dem Bett steigend, sage ich mir: die ganze Stadt, vom Kleinsten bis zum Größten, wird um ihrer guten Taten willen in das Reich eingehen, ich aber werde wegen meiner Sünden

[39] «Quando consumerat (Christus) hoc opus (redemptionis)?» «Quando me, qui sum ultimus et nequior omnium peccatorum, consummatum fecerit et perfectum, tunc consummat opus ejus; nunc autem adhuc imperfectum est opus ejus, donec ego maneo imperfectus.» In Lev. hom. 7,2 (VI 376).

Strafe erben, und abends sage ich mir wieder dasselbe.› Abba Antonius sagte: ‹Wie ein guter Goldschmied, der friedlich zu Hause sitzt, wirst du das Reich erben; ich, dem die Unterscheidungsgabe fehlt, mag zwar in der Wüste wohnen, aber ich habe dich nicht übertroffen›»[40]. Ein anderer Wüstenvater bittet Gott: «Sag mir, Herr, ob ich dir gefalle.» «Er sah einen Engel, der ihm sagte: ‹Du bist noch nicht einmal zur Höhe des Gärtners gelangt, der hier wohnt.› Der Vater ging auf die Suche und fand einen Gärtner, er bat ihn, ihm sein Gehaben mitzuteilen. Er mußte lange bitten, bis der andere ihm endlich sagte: ‹Wenn ich morgens aufstehe, sage ich mir, die ganze Stadt wird ins Reich eingehen, nur ich werde Strafe erdulden wegen meiner Sünden.› Nun vernahm man Gesang und Lärm von der Straße. ‹Stört dich das nicht?› ‹Nein›, erwiderte der andere. ‹Aber was denkst du dabei?› ‹Ich denke, daß alle diese Leute in das Reich eingehen werden.› Der Vater, von Bewunderung erfaßt, bricht in den Ruf aus: ‹Dieses Werk übersteigt all meine Arbeit so vieler Jahre›»[41]. Anderswo habe ich auch den Ausspruch Kierkegaards zitiert: «Ich werde in meinem Leben ... wohl nie weiter-

[40] Les sentences des pères du désert, nouveau recueil (Apophtègmes inédits..., Solesmes 1970) Nr. 490.
[41] Ebd. Nr. 67.

kommen als bis zum Furcht-und-Zittern-Punkt, daß er mir buchstäblich ganz gewiß ist, daß jeder andere mit Leichtigkeit selig wird – bloß ich nicht. Den andern zu sagen: Ihr seid ewig verloren – das vermag ich nicht. Für mich bleibt die Sache beständig die: die andern alle, die werden schon selig, das ist sicher genug – nur mit mir mag es seine Mißlichkeit haben»[42]. Diese Haltung ist eine letzte Konsequenz aus der oben entwikkelten des Origenes: die letzten Dinge sind und bleiben verhüllt, man kann keine neutralen Theorien darüber bauen, das Evangelium ist «offene Situation der Verkündigung», daß Jesus der Richter und der Retter ist, es ist «nicht einfach verobjektivierende Beschreibung eines Enddramas, nicht ‹Weissagung›, sondern Verheißung»[43]. Vorbildlich für christlichen Umgang mit der Drohung möglichen Verlorengehens bleiben die Exerzitien des heiligen Ignatius. Die Betrachtung über die Hölle bildet den Schluß der ersten Woche, in welcher der einzelne angesichts des Gekreuzigten seine Schuld betrachtet und zuletzt einsehen muß, daß nur die Gnade ihn vor dem

[42] Was dürfen wir hoffen? (Johannes Verlag Einsiedeln, Trier ^{2}1989) 71.
[43] W. Kreck, Die Zukunft des Gekommenen (München 1966) 145. Hier auch analoge Äußerungen von Althaus, E. Brunner, K. Barth, die alle ein neutrales Wissen über den Gerichtsausgang ablehnen und an dessen Stelle die christliche Hoffnung setzen.

ewigen Verderben bewahrt hat, das er verdient hätte. Was uns bleibt, ist kein Wissen, wohl aber die christliche Hoffnung.

5. Ein letztes ist beizufügen, das bei den Vätern nur untergründig mitklingt, in der heutigen Theologie des «Schmerzes Gottes» aber eindringlicher als früher reflektiert wird; während alle Haltungen bisher vom Menschen aus dachten, denkt diese letzte von Gott her: Kann Gott das letzte seiner verlorenen Schafe in seiner Hürde vermissen? Die Kreatur, für die er sein Blut vergossen und die Verlassenheit[44] vom Vater erlitten hat? «Meine Seele kann es nicht ertragen, den Sünder von mir zu verjagen», sagt Gott zu Mechthild von Magdeburg. «Darum folge ich manchem so lange, bis ich ihn fange, und behalte für ihn einen so schmalen Ort, daß kein Menschenverstand mir folgt bis dort»[45]. Wir wollen in diese Frage nicht mehr eintreten, sondern mit einer Feststellung Maximus des Bekenners schließen: «Gott liebt den Sünder, denn so entspricht es seinem Wesen, er erbarmt sich seiner in Mitleid (*sympatheia*) wie eines gleichsam Geistesgestörten und im Finstern Wandelnden.» «Gib acht, daß du dich nicht von Gott trennst, denn er

[44] Centur. de Car. I 25 (PG 90,965B).
[45] «Das strömende Licht der Gottheit» VI 16.

ist der Liebende und Geliebte. Denn auch wenn Gott richtet, wird er von den Gerichteten zu Unrecht gehaßt, da er wesenhaft Liebe ist und Liebe genannt wird, er haßt deshalb auch nicht die Gerichteten, da er von jeder Leidenschaft restlos frei ist»[46].

Es scheint mir angemessen, sich mit dieser existentiellen Haltung zu begnügen. Wer weitergehen will, gerät in die Gegend des Nicht-mehr-Ausdenkbaren. Zum Beispiel, daß Gott sein Ziel auch dann erreicht, wenn durch die Hölle zwar nicht seine Liebe, aber doch seine Gerechtigkeit verherrlicht wird. Oder daß er fortfährt, die Verdammten ewig zu lieben, was gerade deren Qual ausmache. Oder daß er sie zwar liebe, aber kein Mitleid mit ihnen habe und auch den bei ihm Seligen untersagt, ein solches Mitleid zu hegen. Oder, mit Thomas von Aquin, daß man im Himmel wesenhaft kein Mitleid mehr haben kann, weil Mitleid eine Anteilnahme am Leid des Bedrängten voraussetzt, was die Seligkeit mindern würde.

[46] Epist. I (PG 91,389B). Beigefügt sei noch, daß über das Schicksal des Teufels befragt, Maximus sich solchen, die vom Logos unmittelbar belehrt werden, gegenüber als inkompetent und «auf der Erde kriechend» bezeichnet, um dann die landläufige Antwort zu geben (Quaest. Thal. 11; PG 93,292C).

Lassen wir derlei unausdenkbare Gedanken und bescheiden wir uns, endgültig unter Gottes Gericht zu stehen. «Ich richte nicht einmal mich selbst», sagt Paulus, «mein Richter ist der Herr. Richtet also nicht vor der Zeit, ehe der Herr kommt, er wird ans Licht bringen, auch was im Finstern noch verborgen liegt» (1 Kor 4,3f.). Aber dazu noch Johannes: «Wir sollen Zuversicht haben auf den Tag des Gerichts» (1 Joh 4,17).

Personenregister